体育运动

蝶泳 仰泳
YANGYONG
DIEYONG

主编 张颖 李刚
　　　张坤 岳言

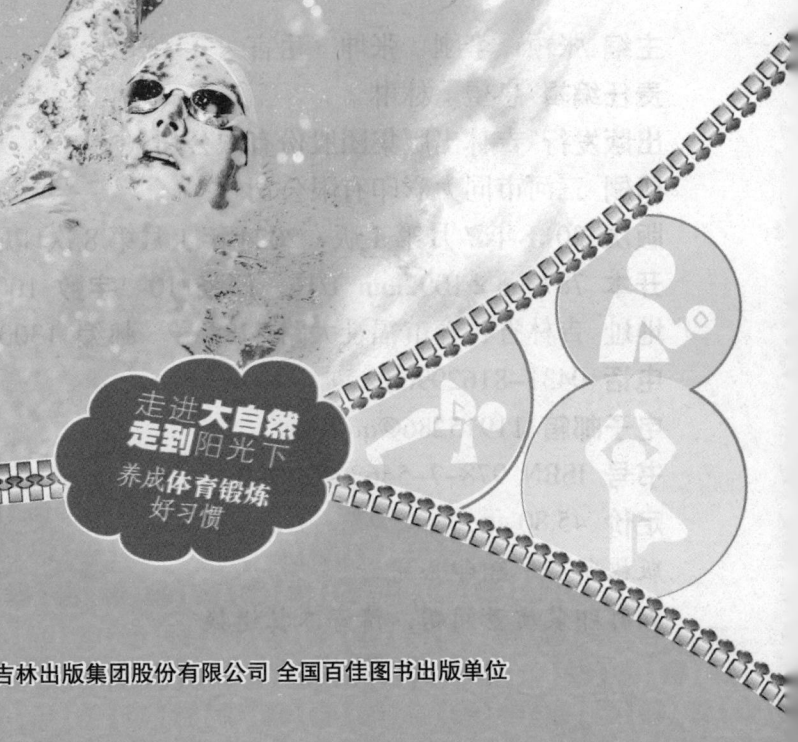

走进**大自然**
走到阳光下
养成**体育锻炼**好习惯

吉林出版集团股份有限公司 全国百佳图书出版单位

图书在版编目(CIP)数据

蝶泳 仰泳 / 张颖,李刚等主编.—长春：吉林出版集团股份有限公司,2011.5（2024.1重印）
ISBN 978-7-5463-5248-0

Ⅰ.①蝶… Ⅱ.①张…②李… Ⅲ.①蝶泳运动—青年读物②蝶泳运动—少年读物 ③仰泳—青年读物④仰泳—少年读物Ⅳ.①G861.14-49②G861.12-49

中国版本图书馆 CIP 数据核字（2011）第 081709 号

蝶泳 仰泳

主编	张颖 李刚 张坤 岳言
责任编辑	息望 林琳
出版发行	吉林出版集团股份有限公司
印刷	三河市同力彩印有限公司
版次	2011 年 7 月第 1 版 2024 年 1 月第 8 次印刷
开本	787mm×1092mm 1/16 印张 10 字数 100 千
地址	吉林省长春市福祉大路 5788 号 邮编 130000
电话	0431-81629968
电子邮箱	11915286@qq.com
书号	ISBN 978-7-5463-5248-0
定价	45.80 元

版权所有 翻印必究
如有印装质量问题，请寄本社退换

《体育运动》编委会

主　　任	宛祝平				
编　　委	支二林	方志军	王宇峰	王晓磊	冯晓杰
	田云平	兴树森	刘云发	刘延军	孙建华
	曲跃年	吴海宽	张　强	张少伟	张铁民
	李　刚	李伟亮	李志坚	杨雨龙	杨柏林
	苏晓明	邹　宁	陈　刚	岳　言	郑凤家
	宫本庄	赵权忠	赵利明	赵锦锦	潘永兴

《体育活动》编委会

主 编　胡凯平
编 委　艾 林　田汝平　王立军　王宗岳　陈健杰
　　　　田立平　关志森　刘志火　刘振平　孙建华
　　　　阎殿军　张 坦　张少林　张海波
　　　　杨 柳　于志远　田晓成　柯申林
　　　　赵凤英　邱 宁　陈晓丁　夏 言　耿凤泉
　　　　徐水正　汇志忠　汪国用　傅蓬勃　渡来庆

目录 CONTENTS

蝶泳

第一章 运动保护
　　第一节 生理卫生……………………2
　　第二节 运动前准备…………………3
　　第三节 运动后放松…………………8
　　第四节 恢复养护……………………10

第二章 蝶泳概述
　　第一节 起源与发展…………………12
　　第二节 特点与价值…………………13

第三章 蝶泳场地和装备
　　第一节 场地…………………………18
　　第二节 装备…………………………20

第四章 蝶泳基本技术
　　第一节 水性练习……………………24
　　第二节 身体姿势……………………32
　　第三节 腿部技术及训练方法………33
　　第四节 划水和呼吸技术及训练方法…46
　　第五节 完整配合技术及训练方法……57

1

目录 CONTENTS

  第六节　出发技术及训练方法·············66
  第七节　转身技术及训练方法·············72
第五章　蝶泳比赛规则
  第一节　程序·························80
  第二节　裁判·························81

仰泳

第六章　仰泳概述
  第一节　起源与发展····················84
  第二节　特点与价值····················86
第七章　仰泳场地和装备
  第一节　场地·························90
  第二节　装备·························93
第八章　仰泳基本技术
  第一节　基本动作·····················100
  第二节　水性练习·····················110
  第三节　动作练习·····················134
  第四节　出发与转身···················138

目录 CONTENTS

第九章 仰泳比赛规则
第一节 程序..............................148
第二节 裁判..............................150

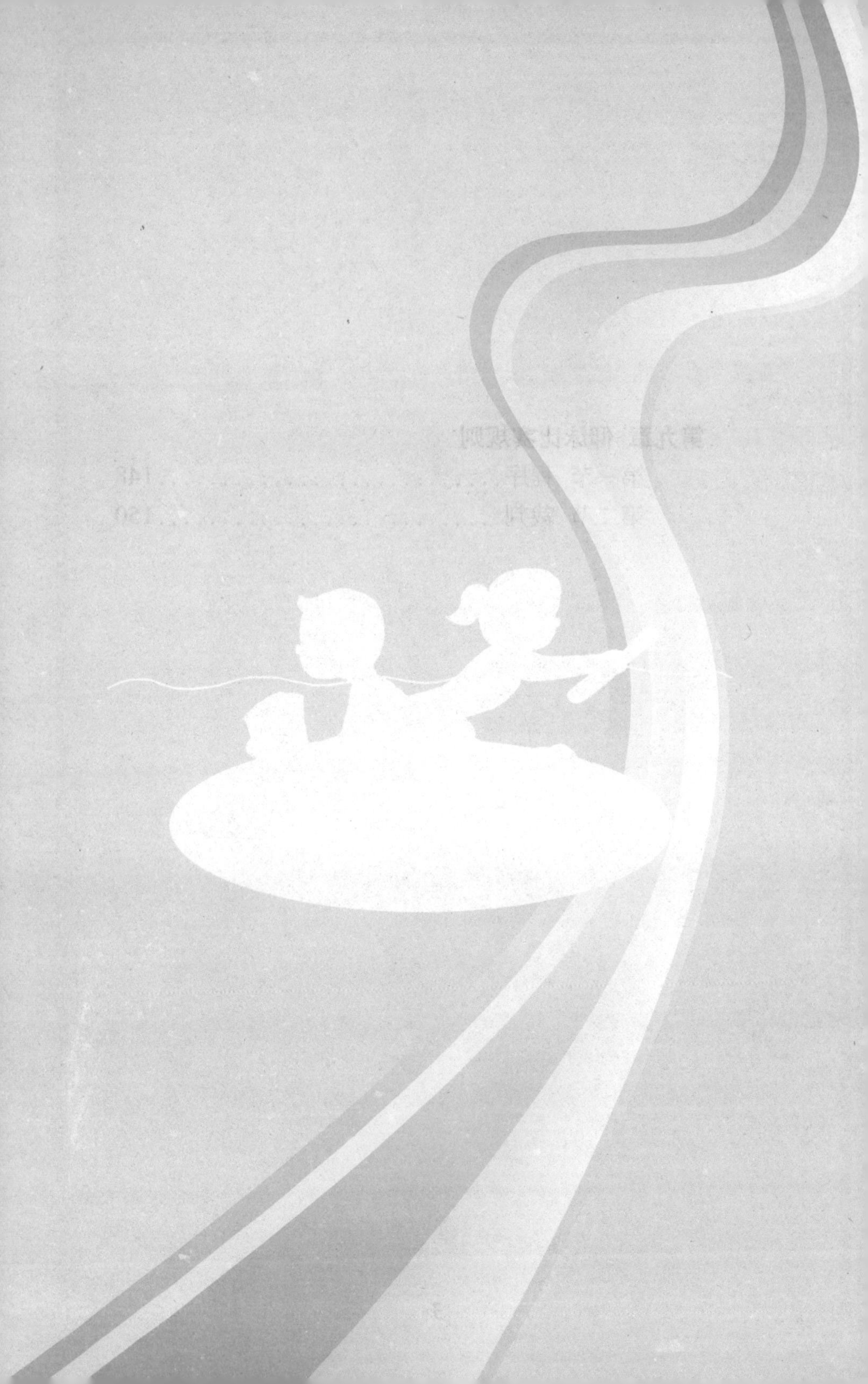

蝶泳

第一章 运动保护

"生命在于运动",但是盲目、不科学的运动非但不能起到强身健体的作用,反而会给身体带来一定的伤害。只有掌握体育锻炼的一般性生理卫生知识,科学地进行体育锻炼,才能起到健身强体的作用。

第一节 生理卫生

青少年在进行体育运动时,除了应进行一般性的身体检查和必要的咨询外,还要注意培养运动兴趣,把握适当的运动强度。

一、培养运动兴趣

在进行体育运动前,必须培养自己对体育运动的兴趣。培养兴趣的方法有很多,如观看体育比赛,与同学、朋友进行体育比赛等。有了浓厚的兴趣,就能自觉地投入体育运动之中,从而达到理想的体育锻炼效果。

二、把握运动强度

因为青少年进行体育运动,主要是在享受体育运动的过程中增强体质,提高健康水平,而不仅是为了创造运动成绩,所以运动强度不宜过大。控制运动强度最简单的办法是测定运动时的脉搏。对青少年来说,运动时的脉搏控制在每分钟140次左右较为合适。

第二节 运动前准备

运动前进行充分的准备活动，对于青少年来说是非常重要的。一些青少年体育运动爱好者，常常不重视运动前的准备活动，导致各种运动损伤，影响运动效果，也容易失去对体育运动的兴趣，甚至造成对体育运动的畏惧。因此，青少年在进行体育运动前，必须做好充分的准备活动。

一、准备活动的作用

运动前做好充分的准备活动，能够对肌肉、内脏器官有很大的保护作用，同时还可以提前调节运动时的心理状态。

（一）提高肌肉温度，预防运动损伤

运动前进行一定强度的准备活动，不仅可以使肌肉内的代谢过程加强，温度增高，黏滞性下降，提高肌肉的收缩和舒张速度，增强肌力，同时还可以增加肌肉、韧带的弹性和伸展性，减少由于肌肉剧烈收缩而造成的运动损伤。

（二）提高内脏器官的功能水平

内脏器官的功能特点之一就是生理惰性较大，即当活动开始、肌肉发挥最大功能水平时，内脏器官并不能立刻进入最佳活

动状态。而充分的准备活动可以让内脏器官得到"热身",从而起到较好的调节和保护作用。

(三)调节心理状态

青少年进行体育锻炼不仅是身体活动,同时也是心理活动。研究证明,心理活动在体育锻炼中起着非常重要的作用。体育锻炼前的准备活动,可以起到心理调节的作用,即接通各运动中枢间的神经联系,使大脑皮层处于最佳兴奋状态。

二、如何进行准备活动

一般来说,准备活动主要应考虑内容、时间和运动量等问题。

(一)内容

准备活动可分为一般准备活动和专项准备活动。一般准备活动主要是一些全身性的身体练习,如跑步、踢腿、弯腰等。一般准备活动的作用在于提高整体的代谢水平和大脑皮层的兴奋状态,减少运动损伤的发生。专项准备活动是指与所从事的体育锻炼内容相适应的动作练习。

下面介绍一套一般准备活动操,供青少年运动前使用。这套活动操主要包括头部运动、肩部运动、扩胸运动、体侧运动、体转运动、髋部运动和踢腿运动等。

1. 头部运动

头部运动的动作方法(见图1-2-1)是：

两手叉腰，两脚左右开立，做头部向前、向后、向左、向右，以及绕环运动。

2. 肩部运动

肩部运动的动作方法(见图1-2-2)是：

手扶肩部，屈臂向前、向后绕环，以及直臂绕环。

3. 扩胸运动

扩胸运动的动作方法(见图1-2-3)是：

屈臂向后振动及直臂向后振动。

4. 体侧运动

体侧运动的动作方法(见图1-2-4)是：

两脚左右开立，一手叉腰，另一臂上举，并随上体向对侧振动。

5. 体转运动

体转运动的动作方法(见图1-2-5)是：

两脚左右开立，两臂体前屈，身体向左、向右有节奏地扭转。

6. 髋部运动

髋部运动的动作方法(见图1-2-6)是：

两脚左右开立，两手叉腰，髋关节放松，做向左、向右360°旋转。

7. 踢腿运动

踢腿运动的动作方法(见图1-2-7)是：

两臂上举后振，同时一腿向后半步，然后两臂下摆后振，同时向前上方踢腿。

图 1-2-1

图 1-2-2

图 1-2-3

图 1-2-4

图 1-2-5

图 1-2-6

图 1-2-7

(二)时间和运动量

准备活动的时间和运动量随体育锻炼的内容和量而定,由于以健身为目的的体育运动量较小,因此准备活动的量也相对较小,时间也不宜过长,否则,还未进行体育锻炼身体就疲劳了。半小时的体育锻炼,准备活动时间一般以 10 分钟左右为宜。

第三节 运动后放松

进行剧烈的体育运动后,有些青少年习惯坐在地上,或是直接躺下来休息,认为这样可以快速消除疲劳。其实不然,这样做的结果不仅不能尽快地恢复身体功能,反而会对身体产生不良影响,正确的做法应该是运动后做一些整理活动,放松身体。

一、运动后整理活动的必要性

运动后的整理活动不但可以避免头晕等症状，还可以有效地消除疲劳。

(一)避免头晕

人体在停止运动后，如果停下来不动，或是坐下来休息，静脉血管失去了骨骼肌的节律性收缩，血液会由于受重力作用滞留在下肢静脉血管中，导致回心血量减少，心血输出量下降，造成暂时性脑缺血，出现头晕、眼前发黑等一系列症状，严重者甚至会出现休克。为了避免这些症状的发生，整理活动是非常必要的。

(二)消除疲劳

除了避免头晕等症状的发生，运动后的整理活动还可以改善血液循环状态，达到快速消除疲劳的目的。

二、放松方法

在运动后放松时，应注意以下几个问题：
(1)做一些放松跑、放松走等形式的下肢运动，促进下肢静脉血的回流，防止体育锻炼后心血输出量的过度下降；
(2)下肢活动后进行上肢整理活动，右臂活动后做左臂的整理

活动，通过这种积极性休息，使身体功能得到尽快恢复；

（3）整理活动的量不要过大，否则整理活动又会引起新的疲劳；

（4）在进行整理活动时，应当保持心情舒畅、精神愉快。

第四节 恢复养护

人体在运动后，除采用休息和积极性体育手段加速身体功能的恢复外，还可以根据体育运动的特点，补充不同的营养物质，以尽快消除疲劳。

体育运动结束后，人体内会产生一种叫作乳酸的酸性物质，它的积累会造成肌体的疲劳，使恢复时间延长。所以，我们在体育运动后，应多补充一些碱性食物，如蔬菜、水果等，而动物性蛋白等肉类食品偏"酸"，在运动后的当天可适当减少摄入。

第二章 蝶泳概述

蝶泳是游泳项目之一，是目前竞技游泳姿势中最后发展起来的一种。这种泳姿的臂部动作像蝴蝶展翅飞舞，所以被称为"蝶泳"。在 1956 年第 16 届奥运会上，蝶泳开始被列为正式比赛项目。

第一节 起源与发展

蝶泳是目前竞技泳姿中最为年轻的一种。它是在蛙泳技术动作的基础上发展而来的，经过几十年的推广和普及，现已成为广受欢迎的健身运动项目之一。

一、起源

蝶泳最初的形式是蝶式蛙泳，即手臂动作是蝶式划水，而腿部动作是蛙式蹬水。

1936 年，国际业余游泳联合会对蛙泳规则做了补充，允许在蛙泳比赛中采用蝶式划水技术。蝶式蛙泳由此开始被广泛使用。

在 1948 年第 14 届奥运会的 200 米蛙泳决赛中，绝大多数选手都采用了蝶式蛙泳技术，取得了较为理想的比赛成绩。

在 1952 年第 15 届奥运会的蛙泳比赛中，所有运动员都采用了蝶式蛙泳技术。

1953 年，国际泳联规定，蝶式蛙泳和传统蛙泳分开进行比赛。此后蝶式蛙泳改称蝶泳，成为独立的比赛项目。

二、发展

1953 年，匈牙利运动员董贝克在蝶泳中模仿海豚游泳的姿势，采用了海豚式打水技术，在比赛中获得了巨大成功，连续5次创造了世界纪录。

1956年，美国运动员约济克改良了蝶泳技术，采用了不间断的打水技术。这种技术以手臂划水为主要推进力，身体姿势高且平，腿部波浪动作较小，游进速度更快。

从1956年第16届奥运会起，蝶泳被列为正式比赛项目。

在1972年第20届奥运会上，M.皮茨采用了两臂同时划水1次、脚打水2次的技术，并创造了蝶泳100米和200米世界纪录。这种技术至今仍被广泛使用。

第二节 特点与价值

蝶泳运动易于开展，强度可以自行调节，对提高身体素质和培养坚强意志都有积极的作用，而且还有助于各国之间、人与人之间进行文化交流和增进友谊。

一、特点

蝶泳是竞技泳姿中最美的，也是最难掌握的。它需要足够大的臂力使身体升高，各部位的配合也需要长时间的练习，蝶泳具有以下动作特点：

（1）身体呈海豚式击水的动作，以流畅的波浪形在水中前进；

(2)打水要强而有力,从腰部发力;
(3)头部保持良好的姿势,基本一直向下看,吸气时收下颌;
(4)手臂在水中时要高肘抱水,外划要有爆发力;
(5)空中移臂时肘要高,拇指向下。

二、价值

(一)改善呼吸系统功能

进行蝶泳运动时,人体所需大量的氧气是通过增大呼吸深度的方法取得的。经过长期的运动,人体的呼吸系统功能可得到巨大改善。

(二)防病治病

经常进行蝶泳运动的人对外界环境具有很强的适应能力,不易生病。而且,在正确的指导下,蝶泳运动还可以辅助治疗诸如高血压、关节炎、轻度脊椎侧弯等一些慢性疾病。

(三)增加皮肤弹性

进行蝶泳运动时,身体在水中受到水流的轻轻摩擦,有助于皮肤毛细血管中的血液循环和表皮细胞的代谢,长期坚持可使皮肤光滑圆润、富有弹性。

(四)培养坚强意志

　　学习蝶泳时，要克服怕水心理，随着教学活动的进行，还要克服怕苦、怕冷、怕累等心理，从而有利于培养青少年坚强的意志。

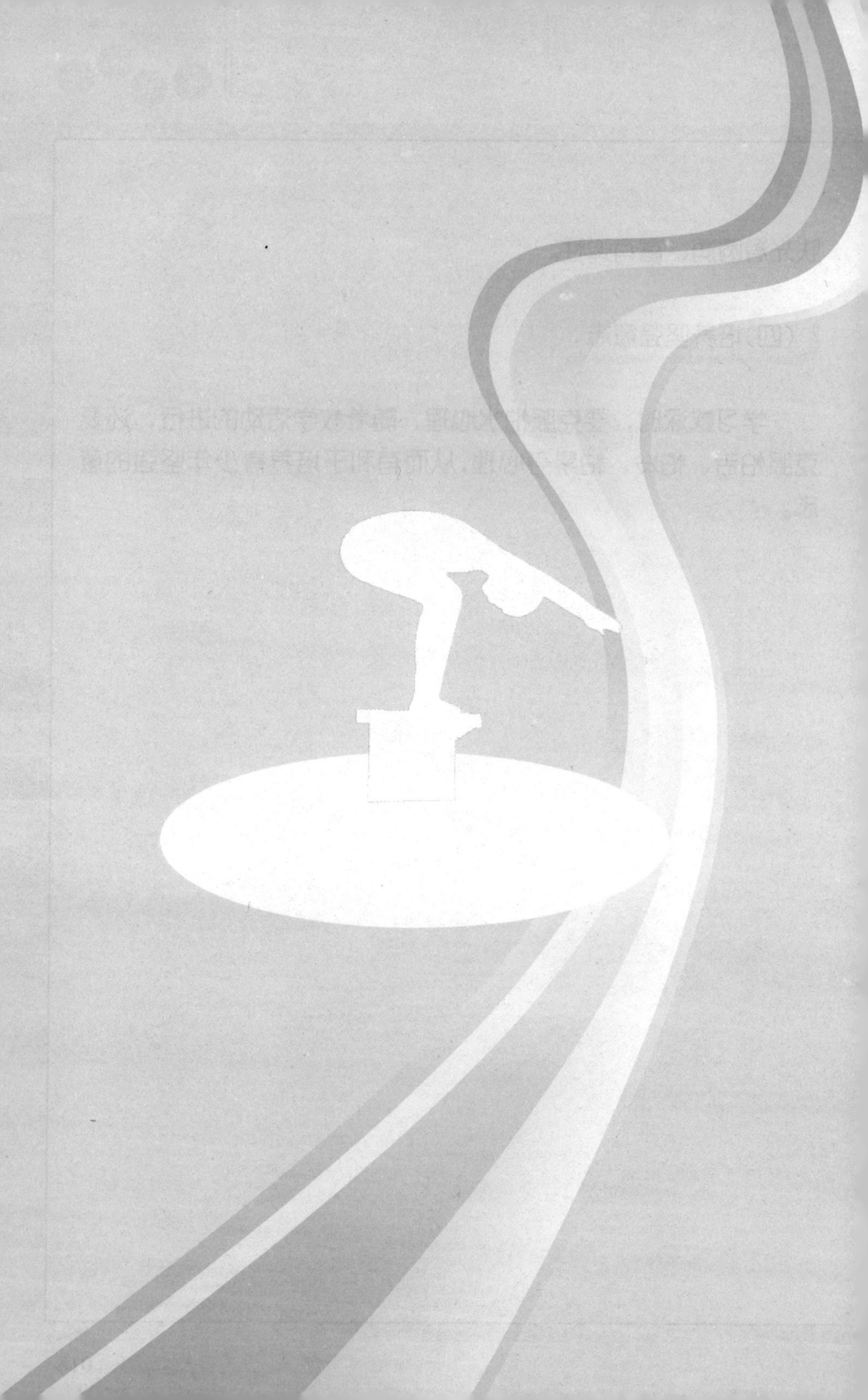

第三章 蝶泳场地和装备

蝶泳运动在水中进行，具有很强的观赏性和锻炼价值。这项运动对场地和装备都有很高的要求，场地是蝶泳运动开展的前提条件，而良好的装备是运动员安全训练的必要保证。

第一节 场地

蝶泳运动可在一般的娱乐性游泳池中进行，也可在正规的比赛游泳池中进行。正规的比赛游泳池能够帮助游泳者寻找比赛的感觉，感受训练的刺激。下面主要介绍正规的比赛游泳池。

一、规格

游泳池有50米池和25米池两种，宽21米或25米，水面至池底的深度应在2米以上。

二、设施

(一)出发台

(1)出发台正对泳道的中央，前缘应高出水面50～75厘米，表面面积至少为500平方厘米；

(2)台面由防滑材料覆盖，倾斜的角度不能超过10°；

(3)出发台必须坚固、无弹性，保证运动员出发时能在前缘和两侧抓住出发台。

(二)握手器

(1)出发的握手器必须同时有横的和竖的,设在出发台上,高出水面30～60厘米;

(2)横握手器与水面平行,竖握手器与水面垂直,握手器应与池壁在同一垂直面上,不得突出池壁之外。

(三)泳道

(1)游泳池内设8条泳道,由9条分道线构成,每条泳道宽2.5米;

(2)第一、九条分道线距池边至少0.5米。

(四)分道线

(1)分道线由直径5～15厘米的单个浮标连接而成,从分道线两端开始至5米处的全部浮标,颜色必须与其他不同;

(2)分道线必须拉至水池两端,固定分道线的挂钩应安装在池壁内;

(3)分道线必须拉紧,每两条泳道之间只允许有一条分道线。

三、要求

(1)两端池壁必须垂直平行,水面上方30～80厘米的池壁,

要结实、平整、防滑；

（2）游泳池与跳水池之间，应至少相隔5米；

（3）池水温度为26℃（误差在1℃以内）；

（4）比赛时，池水必须保持正常水位，水面要平稳，如采用循环换水，池水不得有明显的流动或旋涡；

（5）池水应达到使运动员能看清池底和池壁标志线的清晰程度；

（6）整个游泳池的灯光强度不得少于1500勒克斯；

（7）池的四壁可设水槽，水槽必须有调节阀以保证池内正常水位。

第二节 装备

好的装备是蝶泳练习者的安全保障。蝶泳的装备包括游泳衣、游泳帽、游泳镜、耳塞和鼻夹等。

一、游泳衣

游泳衣必须合身，太大容易兜水，加大身体负重和阻力，影响游泳动作；太小则会感觉不舒服，也妨碍游泳动作的展开。

二、游泳帽

游泳时应戴泳帽，可以防止头发散乱，还可以防止因水质不

好而损伤发质。游泳帽不能过大,否则容易脱落。制作游泳帽应选用有弹性的尼龙或橡胶材料。

三、游泳镜

池水如果不干净,游泳时细菌很容易进入眼睛,导致红眼病等眼部疾病的发生。为了预防眼部疾病,游泳时佩戴游泳镜是十分必要的。对于初学者来说,戴游泳镜还可以纠正在水中睁不开眼睛的毛病。

四、耳塞

游泳时,耳朵进水后会很不舒服,严重的会引起耳部疼痛,甚至影响听力。为了防止耳朵进水,游泳时应佩戴耳塞。

五、鼻夹

游泳时,水波会把水冲入鼻孔,引起呛水。对初学者来说,为了防止呛水,一定要戴好鼻夹。

第四章 蝶泳基本技术

本章介绍蝶泳的基本技术，包括水性练习、身体姿势、腿部技术及训练方法、划水和呼吸技术及训练方法、完整配合技术及训练方法、出发技术及训练方法和转身技术及训练方法等。

第一节 水性练习

熟悉水性是初学蝶泳的必经阶段。水性练习主要用于体会和了解水的特征，逐步适应水的环境，消除怕水心理，培养对水的兴趣并掌握一些蝶泳的基本动作，为以后学习各种蝶泳技术打下基础。水性练习应在浅水环境中进行，浅水环境是指水深40～50厘米的水池。在浅水环境中进行熟悉水性动作练习，完全能够避免因水深而带来的怕水心理障碍，从而在无意识状态下在水中尽情玩耍、做游戏，在活动中自然地完成呼吸、浮体、滑行等熟悉水性练习。水性练习的内容包括水中站立与行走、手扶(抱)浮板做跳跃、蹬池边手抱浮板滑行、呼吸练习、浮体练习、滑行练习、扶板打水与呼吸练习和徒手流线型伸臂打水练习等。

一、水中站立与行走

水中站立与行走练习常作为初学者下水后的第一个练习，主要用于体会水对身体的压力、浮力和阻力，有助于掌握在水中维持平衡的方法，消除怕水心理。动作简单，容易掌握。动作方法(见图4-1-1)是：

(1)在浅水中站立，原地做下蹲、起立练习；

(2)扶池边向前、向后、向两侧行走；

(3)不扶池壁，用两手在水中维持平衡，向前、向后、向两侧行走。

图 4-1-1

二、手扶(抱)浮板做跳跃

手扶(抱)浮板做跳跃练习的动作方法(见图 4-1-2)是：两手抱住浮板，头部保持在水面之上，做向前跳跃滑行运动。

图 4-1-2

三、蹬池边手抱浮板滑行

手扶（抱）浮板做跳跃练习熟练后，做蹬池边手抱浮板滑行练习，之后再加上打腿，动作方法（见图4-1-3）是：

(1) 双手抱住浮板，两脚用力蹬池边，向前滑行；
(2) 头部保持在水面之上。

图4-1-3

四、呼吸练习

呼吸是学习蝶泳的一个难点，初学者必须学会水中呼吸，将以鼻式呼吸为主的陆上呼吸方法，逐渐改变为以口式呼吸为主的水中呼吸方法。呼吸练习的动作方法（见图4-1-4）是：

(1) 扶池壁或在同伴的帮助下，深吸气后闭气，然后再慢慢地下蹲，把头全部浸入水中，在水中停留片刻后起立，在水面换气；

DIEYONG JIBEN JISHU 蝶泳基本技术

（2）吸气后下蹲，把头全部浸入水中，停留片刻后，在水中用嘴慢慢地吐气，在吐气将要结束时起立，在水面上吸气；

（3）吸气后下蹲，把头全部浸入水中，略闭气后立即用嘴、鼻同时吐气，同时慢慢起立，在嘴接近水面时用力把气吐完，并立即吸气，吸气结束后立即把头再次浸入水中，这样连续地做有节奏的吸、闭、吐练习；

（4）两脚原地站立，两臂放在水中，按以上练习要求独立完成连续吸、闭、吐的动作，每组10次，反复进行。

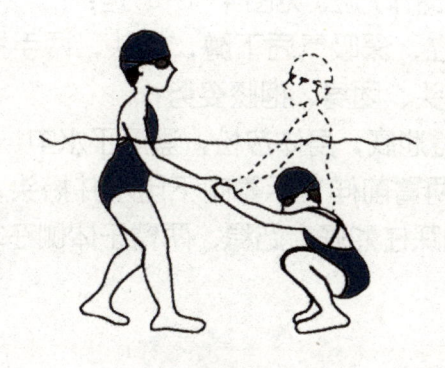

图 4-1-4

五、浮体练习

浮体练习可用来体会水的浮力,提高在水中控制身体、维持平衡的能力,学会由浮体至站立的方法,进一步消除怕水心理,增强学会蝶泳的信心。浮体练习包括抱膝浮体和展体浮体等。

(一)抱膝浮体

抱膝浮体的动作方法(见图 4-1-5)是:

(1)原地站立,深吸气后下蹲,低头,两手抱两膝,膝尽量靠近胸部,呈低头、团身、抱膝姿势;

(2)前脚掌蹬池底,身体放松,漂浮于水中;

(3)站立时两臂前伸,手掌向下压水并抬头,同时两腿向下伸,两脚牢牢地踩住池底,站稳,两臂于体侧在水中压水,保持平衡。

图 4-1-5

(二)展体浮体

展体浮体的动作方法(见图4-1-6)是:

(1)两脚分开站立,两臂放松前伸,深吸气后身体前倾并低头;

(2)屈膝下蹲,两脚轻轻蹬池底,两脚放松上浮呈俯卧姿势,漂浮于水中,臂和腿自然伸直;

(3)站立时收腹、收腿,两臂向下压水并抬头,两脚向下伸,脚掌踩住池底站立。

图4-1-6

六、滑行练习

滑行练习是学习各种泳式的基础,是熟悉水性阶段的重点练习,用于进一步体会水的浮力,掌握在水中平浮和滑行时的身体姿势。滑行练习包括蹬边滑行和蹬池底滑行等。

（一）蹬边滑行

蹬边滑行的动作方法（见图 4-1-7）是：

（1）一手拉池槽，一臂前伸，收腹屈膝，两脚贴池壁，上体前倾；

（2）深吸一口气，低头提臀，随即放下拉池槽的手臂并向前伸与前边的臂并拢；

（3）臀略后坐，头夹于两臂之间，两脚用力蹬壁，使身体呈流线型向前滑行。

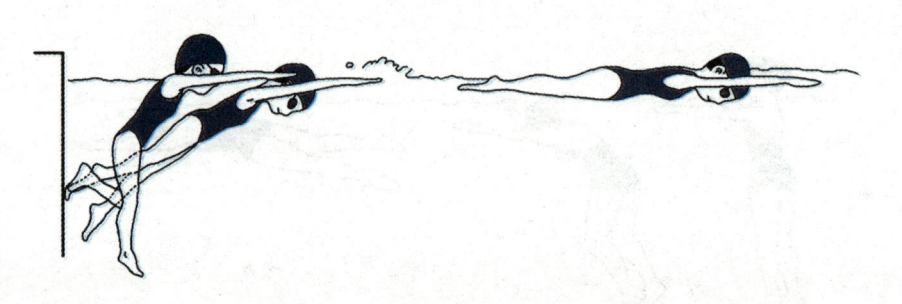

图 4-1-7

（二）蹬池底滑行

蹬池底滑行的动作方法（见图 4-1-8）是：

（1）两脚分开站立，两臂前伸，两手并拢；

（2）深吸气后，身体前倾屈膝，当头和肩浸入水中时，前脚掌用力蹬池底，随后两脚并拢，身体呈流线型向前滑行。

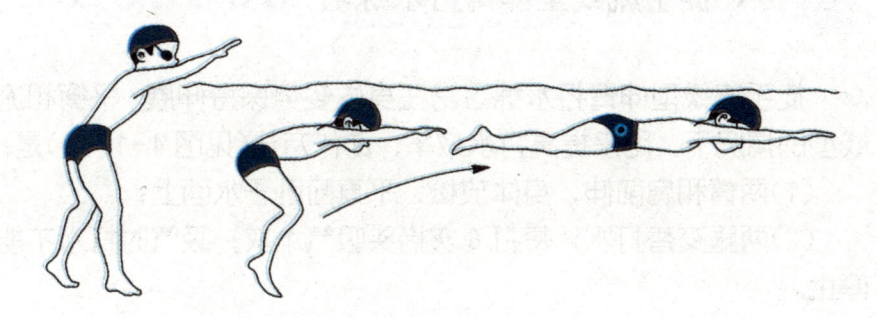

图 4-1-8

七、扶板打水与呼吸练习

扶板打水与呼吸练习常用来提高打水能力和增强耐力,对身体的平衡性要求很高,动作方法(见图 4-1-9)是:

(1)两手扶打水板的后部,手臂前伸,俯卧在水中;
(2)低头,头部与躯干成一条直线,眼睛看池底;
(3)交替上下打水,每打 6 次抬头吸气 1 次。

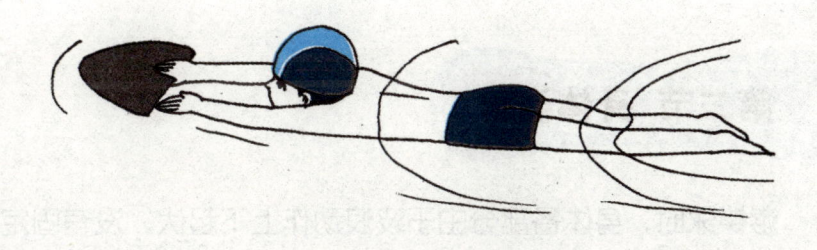

图 4-1-9

八、徒手流线型伸臂打水练习

徒手流线型伸臂打水练习常在身体姿势保持伸展、平衡和流线型的情况下，用来提高打水效率，动作方法（见图4-1-10）是：

（1）两臂和肩前伸，身体放松，平直俯卧于水面上；

（2）两腿交替打水，每打6次抬头吸气1次，吸气时打水不能停止。

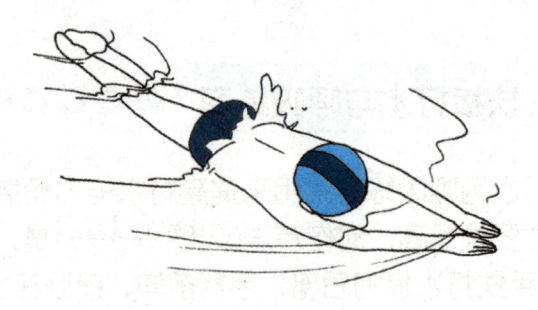

图4-1-10

第二节 身体姿势

游蝶泳时，身体各部分由于波浪动作上下起伏，没有固定的身体位置。躯干的波浪动作有利于保持较高的身体位置和较好的流线型，也有利于臂、腿、呼吸的协调配合。蝶泳的身体姿势

(见图 4-2-1)是：

（1）在划水最有力的阶段，身体应该尽量保持水平，使推进力以向后的分力为主；

（2）空中移臂时，因重心位置的改变，身体失去平衡，会使腿部下沉；

（3）在手入水、腿第一次打水时，躯干应该向前上方做波浪动作，产生较大的推进力。

图 4-2-1

第三节 腿部技术及训练方法

蝶泳打水时，两腿应自然并拢，两脚略内扣，两腿的动作同时进行。

一、腿部技术

蝶泳腿部技术由向下打水和向上打水两部分组成，其中向下打水是产生推进力的主要阶段，应用较快的速度完成。

(一)向上打水

向上打水的动作方法(见图 4-3-1)是：

(1)开始时，腿因为上一次的打水而在水中呈完全伸直的状态；

(2)在小腿仍继续伸展的条件下伸髋，使大腿上移，腿自然伸直，踝关节放松；

(3)当大腿上升到与躯干成一直线时，腰腹和臀部开始下沉，大腿也随着下压，但小腿和脚继续上移，使膝关节弯曲，弯曲的角度随大腿继续下移和脚继续上移而逐渐增大；

(4)直到脚上升到最高点，即水面下 4~5 厘米时，小腿开始在髋关节和大腿的带动下快速向下打水，此时膝关节弯曲的程度最大。

图 4-3-1

(二)向下打水

向下打水的动作方法(见图 4-3-2)是：

(1)当腿上移到与身体平行，小腿和脚还在继续上移时，腰腹部已经开始用力收缩，屈髋带动大腿下压；

(2)当屈髋程度达到最大时，躯干与大腿形成 150°~160°角，脚基本上升到了最高点，此时开始伸膝，小腿和脚加速下打；

(3)在小腿和脚向下打水还没有结束时，大腿应该已经开始向上打水，这样才能保证脚的鞭状打水动作；

(4)当小腿和脚继续打水到膝关节完全伸直，脚处于最低点时，小腿和脚在大腿的带动下开始向上打水，又进入下一个周期的打水动作。

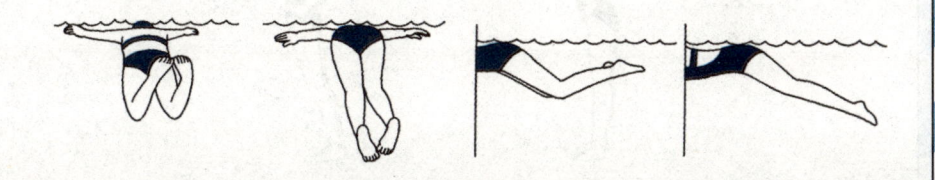

图 4-3-2

二、训练方法

打腿技术的训练方法包括站立蝶泳腿模仿练习等 10 个练习。

（一）站立蝶泳腿模仿练习

1. 目的
站立蝶泳腿模仿练习的目的是体会躯干的波浪动作，纠正打腿时腰部没有起伏的错误动作。

2. 动作方法
第一步的动作方法（见图 4-3-3）是：

（1）站在池边手扶髋部，直腿向后送髋，向前送胸，然后再屈腿向前送髋，向后送胸；

（2）开始动作要慢一些，幅度大一些，熟练后将动作连起来，幅度减小，流畅地进行，连起来看，就像风中摇摆的小树。

图 4-3-3

第二步的动作方法（见图 4-3-4）是：

（1）背对墙站立，臀部离墙壁 10 厘米左右；

（2）按照口令"1"挺腹，"2"屈膝，"3"提臀、屁股碰墙，"4"伸膝的顺序做动作；

(3)先分解做，然后再连续做；

(4)每次动作臀部应碰到墙壁；

(5)这个练习还可以站在齐腰深的浅水中进行，体会水的流动和阻力。

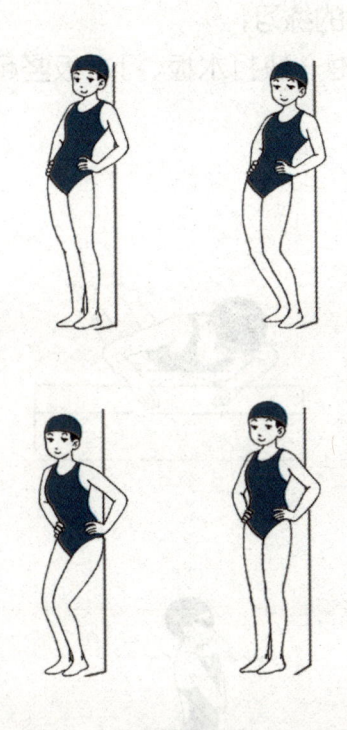

图 4-3-4

(二)深水直立扶边或抱板打腿练习

1.目的

深水直立扶边或抱板打腿练习的目的是体会打水的躯干动

作，以及动作的速度和力量。

2.动作方法

深水直立扶边或抱板打腿练习的动作方法(见图4-3-5)是：

(1)两手扶池壁，手用力控制身体直立在水中(脚离池底)，在水中直立做蝶泳腿的练习；

(2)也可以用手抱一块打水板(打水板竖起来贴在肚子上)做这个练习。

图 4-3-5

(三)俯卧两手放体侧练蝶泳腿和呼吸练习

1.目的

俯卧两手放体侧练蝶泳腿和呼吸练习的目的是体会打蝶泳腿时全身参与波浪动作的感觉。

2.动作方法

俯卧两手放体侧练蝶泳腿和呼吸练习的动作方法(见图4-3-6)是：

(1)俯卧，头半浸在水中，两臂放在体侧，胸部轻柔而有节奏地上下起伏，带动臀部露出水面；

(2)胸部起伏时，头不要向水下钻，每次胸部下压时，头顶都朝前；

(3)下颏保持放松，腿部完全放松，不要刻意打水，腿部动作只是身体波浪动作的延伸，可以戴脚蹼帮助体会躯干波浪动作的传递；

(4)每打水4次，吸气1次，吸气时眼睛看下面，不要向上抬头，下颏要略收，开始时有难度，可能容易呛水，但应坚持。

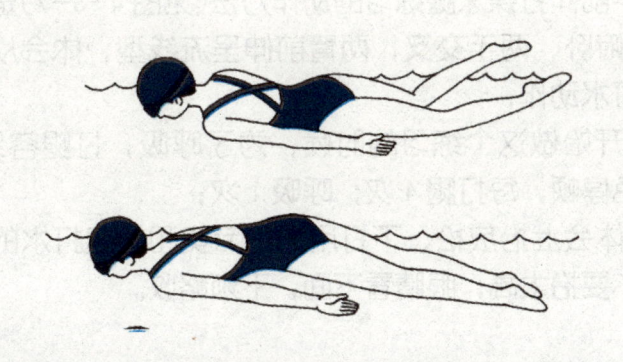

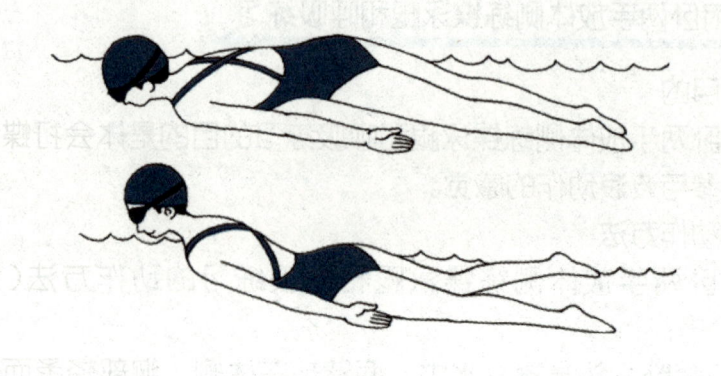

图 4-3-6

(四)两手前伸打蝶泳腿练习

1. 目的

两手前伸打蝶泳腿练习的目的是体会蝶泳的躯干波浪动作和身体的流线型。

2. 动作方法

两手前伸打蝶泳腿练习的动作方法(见图 4-3-7)是:

(1)俯卧,两手交叉,两臂前伸呈流线型,体会从躯干发力波浪状打水动作;

(2)开始做这个练习的时候,为了呼吸,打腿容易有停顿,为了避免停顿,每打腿 4 次,呼吸 1 次;

(3)体会上抬放松、下打用力的节奏和加速打水的动作,吸气时头不要抬太高,眼睛看下面,下颏略收。

图 4-3-7

(五)扶板蝶泳腿练习

1. 目的

扶板蝶泳腿练习的目的是提高蝶泳打水的能力,增强耐力。由于扶板后,身体的波浪动作不容易做出来,因此在学习蝶泳的开始阶段不要做这个练习。

2. 动作方法

扶板蝶泳腿练习的动作方法(见图 4-3-8)是:

(1)两手扶打水板,俯卧做蝶泳打腿动作;

(2)体会打水板随打水动作节奏上下起伏的感觉;

(3)两手应扶住打水板的后缘,掌心向下。

图 4-3-8

(六)蛙泳手蝶泳腿练习

1. 目的

蛙泳手蝶泳腿练习的目的既是为练习蝶泳腿,也是为蝶泳配合的学习打下基础。

2. 动作方法

蛙泳手蝶泳腿练习的动作方法(见图 4-3-9)是:

每打腿两次,划蛙泳手 1 次,体会借助躯干波浪动作和蛙泳手臂向内划水将身体拉出水面的动作。

图 4-3-9

(七)反蝶泳打水练习

1. 目的

反蝶泳打水练习的目的是体会蝶泳的躯干波浪动作。

2. 动作方法

反蝶泳打水练习的动作方法(见图 4-3-10)是:

(1)仰卧,手臂放在体侧,从腹部开始向上打水,然后膝部和脚依次向上打水,产生从腹部开始的鞭状打水动作;

（2）头和手可以有略微的上下起伏，注意腹部每次向上打水都要露出水面；

（3）略屈膝，从髋关节发力向上打水，而不是从膝关节发力，还可以先从水下蹬离池壁打水，再逐渐上升到水面，体会水上水下打水的感觉是否相同；

（4）开始时做慢速的、大幅度的、有力的打水，然后逐渐加速，最初可戴脚蹼，动作熟练后可将手臂前伸呈流线型打水。

图 4-3-10

（八）垂直蝶泳打水练习

1. 目的

垂直蝶泳打水练习的目的是体会蝶泳打水的躯干动作、速度和力量。

2. 动作方法

垂直蝶泳打水练习的动作方法（见图 4-3-11）是：

（1）先仰卧蹬离池壁，脚下垂，头露出水面，用快速而有力的蝶泳打水使头和肩保持在水面之上，身体逐渐后退，体会髋部尽快、尽力前后打水的感觉；

（2）略屈膝，从髋关节发力打水，而不是从膝关节发力，开始如果有困难，可以戴脚蹼；

（3）为提高难度，可以使两手从体侧露出水面，为发展力量，可以系一个负重腰带或抱一个杠铃片。

图 4-3-11

（九）水下蝶泳打水练习

1.目的

水下蝶泳打水练习的目的是体会蝶泳全身呈波浪形运动的感觉。

2.动作方法

水下蝶泳打水练习的动作方法(见图4-3-12)是：

(1)想象自己是一条在海洋中轻松畅游的美人鱼，可以戴脚蹼，沿水面俯卧蹬离池壁，手臂放在身体的两侧，目视池底，手臂完全不动；

(2)收下颌，身体潜入水中，头部领先入水，然后髋关节入水，"尾鳍"(即小腿和脚)最后入水；

(3)"尾鳍"入水后，立即做一次有力的蝶泳打水，使身体完全没入水中，之后在水下连续打水多次，直至头必须出水吸气；

(4)如果场地允许，横穿游泳池，每遇到泳道线时，头引导身体从线下潜在水中以蝶泳腿通过。

图4-3-12

(十)侧卧蝶泳打水练习

1.目的

侧卧蝶泳打水练习的目的是体会身体的波浪动作，提高身体

控制能力。

2.动作方法

侧卧蝶泳打水练习的动作方法(见图4-3-13)是:

(1)侧卧水中,下面的手臂前伸,上面的手臂在体侧,想象自己是一条鱼,从腰部到脚尖都是鱼尾,身体像游鱼那样侧向摆动前进;

(2)每打水4次,头略向上转动吸气,但身体不要转动;

(3)每打25米换1次方向,注意全身都参与波浪动作,"摆尾"的幅度可大一些,膝盖在水的压力下自然弯曲。

图 4-3-13

第四节 划水和呼吸技术及训练方法

划水和呼吸是蝶泳重要的基本技术。蝶泳的两臂动作是对称且同时进行的,两臂的划水动作所产生的推进力是推动身体前进的主要因素,呼吸则是游泳状态持续的基本保障。

一、划水和呼吸技术

(一)划水技术

蝶泳的臂部划水动作分为入水、划水、出水和空中移臂 4 个阶段，这 4 个阶段是一个不可分割的整体。

1. 入水

入水是划水的准备阶段，几乎不产生推进力。正确的入水位置应该在两肩的延长线上，或略窄于肩的延长线上，太宽易使划水路线缩短。入水的动作方法是：

（1）以大拇指领先，斜插入水，然后前臂和上臂依次入水；

（2）掌心朝向外下方，手掌与水平面形成一定的角度；

（3）两手要几乎接触，这样可以加长划水的路线，有效地利用向外划水，及早抱水，但是这样需要肩关节有较好的柔韧性。

2. 划水

划水动作轨迹是三维的螺旋曲线，并且在划水过程中，手臂通过内旋和外旋改变对水的攻角，获得阻力或升力推进力。划水包括向外划水、向内划水和向上划水 3 个阶段。

向外划水

向外划水阶段的目的是，使手臂找到支持点（抱住水），动作方法（见图 4-4-1）是：

（1）手入水后，肘和肩关节前伸，两手立即内旋并外分，手掌对准外后方沿螺旋曲线划水；

（2）当两手外分至超过肩宽时，屈腕，使手掌由向外、向后

变为向外、向下和向后，从而抱住水；

（3）抱水时手要保持向外、向下、向后的攻角，不可垂直向下压水，否则头和躯干就会上升，使身体起伏加大，造成较大的阻力。

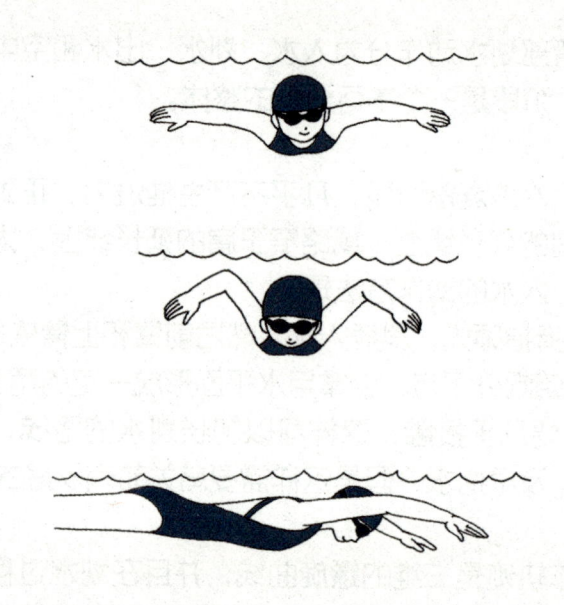

图 4-4-1

向内划水

向内划水的动作方法（见图 4-4-2）是：

（1）两手抓水后，继续屈肘，并保持高肘姿势，手臂继续向外旋转，手的运动方向从向下、向外、向后，转为向内、向上和向后沿螺旋曲线划水；

(2)随着向内划水的继续，屈肘程度逐渐加大，手臂划到肩下时，肘关节屈至 90°～100°角；

(3)继续向内划水到两手之间距离最近时，向内划水结束；

(4)向外划水的后半部分和向内划水阶段，划水以前臂的运动为主，这一阶段可以产生较大的推进力。

图 4-4-2

向上划水

当两手之间距离达到最近时，手臂内旋，从原来的向内、向上、向后转为向外、向上、向后沿螺旋曲线划水，进入向上划水阶段，动作方法(见图 4-4-3)是：

(1)向上划水时逐渐伸肘伸腕，使前臂和手尽量对准后面，这个动作直接影响到划水的效果，如果没有伸肘伸腕，前臂和手用力的方向主要是向上，其结果是身体下沉，身体的平衡遭到破

坏，前进速度下降；

（2）向上划水在划水阶段产生的推进力是最大的，应用最大的力量和最快的速度完成；

（3）向上划水时，腿正好向下打水，腿手配合产生的合力可以使身体前进速度大增，因此更要充分利用向上划水的力量。

图 4-4-3

手臂运动曲线

手臂的划动逐渐加速完成，划水路线是三维运动曲线（见图4-4-4）。手相对于身体的动作轨迹从下往上看，像一个钥匙洞（见图 4-4-5）。

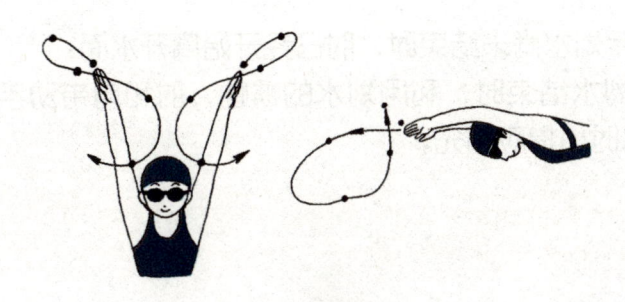

图 4-4-4

图 4-4-5

3. 出水

出水的动作方法（见图 4-4-6）是：

(1) 在手划水到大腿两侧时，手臂旋转，使掌心向内，朝向大腿外侧，以便减小出水的阻力；

（2）在手划水尚未结束时，肘已经开始离开水面；

（3）手划水结束时，利用划水的惯性，肘和肩带动手臂提拉出水，出水时小指应领先。

图 4-4-6

4. 空中移臂

出水后，在肩的带动下，手臂迅速从空中前移到头前，准备入水和下一个周期的动作，这个阶段就是空中移臂，动作方法（见图 4-4-7）是：

（1）两臂同时向前移臂，采用低平的直臂姿势从两侧前移，以使手臂放松自然，且不会破坏身体的平衡；

（2）移臂过程中手臂要放松，大拇指朝下，手前伸到接近入水时肘略屈，以便入水后及时抓水；

(3)肩部应该露出水面,这样可以减少移臂的阻力;

(4)移臂过程中,当手臂与身体呈"十"字形,一直到手入水为止,头部应有控制地与下颌、手臂、胸部一起向前下运动,即要把胸部以上的部位看成一个整体。

图 4-4-7

(二)呼吸技术

1.呼吸与身体配合

高水平运动员多采用晚吸气技术,即手臂向内划水结束时头部开始露出水面,手臂向上划水及移臂的前半段完成吸气动作,手臂前移过肩前伸时低头入水。呼吸与身体配合的动作方法(见图4-4-8)是:

(1)随着第二次向下打水的升力以及手腿协调配合,躯干和肩升高,头自然露出水面(不要刻意抬头),眼睛和嘴都朝向水面;

(2)头不宜抬得太高,否则会使背部肌肉紧张,导致腿部下沉;

(3)吸气结束低头时,头随肩部的前伸向前下方伸展,下颌

向前方冲顶，使手入水时肩能够充分前伸；

（4）低头一定要在手入水前完成，或在入水时完成，否则会使手臂和肩部难以伸展，影响入水的远度，使有效划水路线缩短。

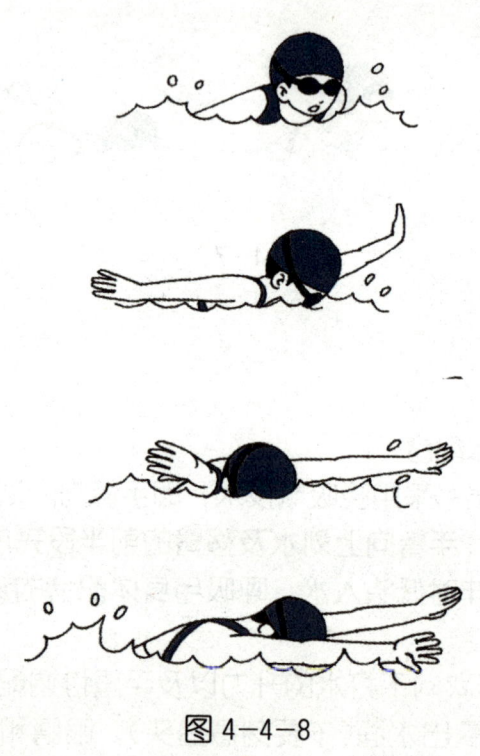

图4-4-8

2.呼吸频率

关于吸气的频率，即划水几次吸一次气，可根据自己的特点和比赛项目调整。由于吸气时头离开水面，必然从某种程度上破坏身体的平衡，容易使臀部下降，所以呼吸频率有以下几种情况：

（1）对 50 米和 100 米蝶泳运动员来说，采用 2 次或 2 次以上划水 1 次吸气的频率较合适；

（2）200 米运动员在比赛中很难坚持两划一吸的节奏，因此采用不规则的吸气频率，在前程两划一吸，后程一划一吸；

（3）有的运动员不论在 100 米还是 200 米比赛中，始终采用一划一吸的节奏。

二、训练方法

蝶泳的手腿配合是关键，划水动作掌握后，不要做过多的单纯划水练习，要尽快转入完整配合练习，包括陆上两臂划水与呼吸模仿练习、浅水中站立或走动模仿练习、夹板蝶泳划水练习。

（一）陆上两臂划水与呼吸模仿练习

1. 目的

陆上两臂划水与呼吸模仿练习的目的是，掌握正确的蝶泳划水技术，体会钥匙洞形划水路线，掌握划水与呼吸的配合时机。

2. 动作方法

陆上两臂划水和呼吸模仿练习的动作方法（见图 4-4-9）是：

（1）站立，腰部前屈，两臂同时做蝶泳划水模仿练习；

（2）逐渐加上与呼吸的配合，可站在墙壁前，入水时手碰墙壁；

（3）注意用肘领先移臂，入水时上臂主动去碰头。

图 4-4-9

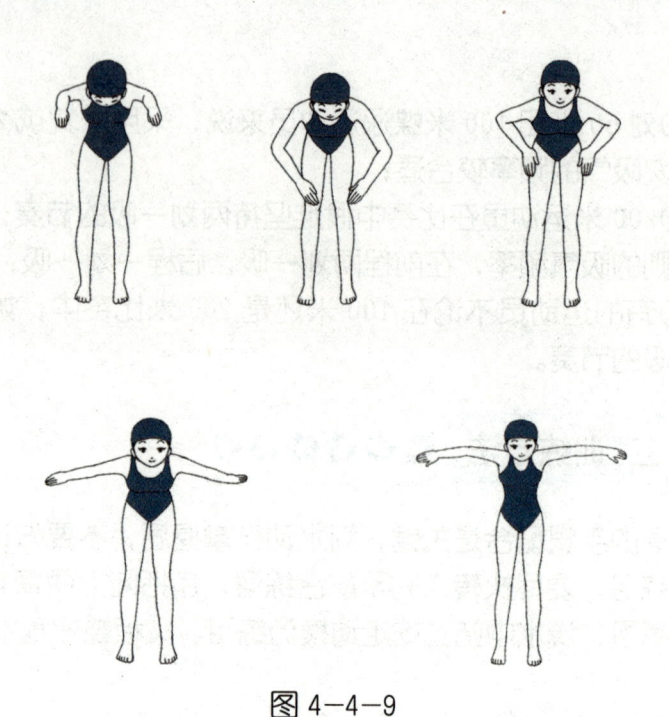

(二)浅水中站立或走动模仿练习

1. 目的

浅水中站立或走动模仿练习的目的是,掌握正确的蝶泳划水技术,体会钥匙洞形划水路线,掌握划水与呼吸的配合时机,同时体会水的流动和阻力。

2. 动作方法

浅水中站立或走动模仿练习的动作方法是:

(1)站在齐胸深的水中,两手同时做蝶泳划水模仿动作,体会水的流动和阻力;

（2）逐渐从站立变为走动，体会通过划水使自己前进的感觉。

（三）夹板蝶泳划水练习

1.目的
夹板蝶泳划水练习的目的是，体会正确的蝶泳划水和呼吸技术。

2.动作方法
夹板蝶泳划水练习的动作方法（见图4-4-10）是：用腿把打水板紧紧夹住，做蝶泳划水和呼吸练习。

图4-4-10

第五节 完整配合技术及训练方法

完整配合是指腿、臂和呼吸的配合。由于躯干的波浪动作的介入，蝶泳的完整配合要求精细、准确，而且其动作特征要求有

较强的肩背部、腰腹部力量和良好的柔韧性。

一、完整配合技术

(一)臂腿配合

臂腿一般采取1∶2的配合方式,即每划水1次,打水2次,动作方法(见图4-5-1)是:

(1)手入水时开始第一次向下打腿,抱水过程中结束下打,在继续抱水和向内划水时上打腿;

(2)向上划水时第二次下打,空中移臂时腿再次上打;

(3)手脚的配合一定要准确协调,否则就会破坏动作内在的节奏,使推进力减弱;

(4)臂腿的配合有不同的方式,有的第一次腿轻、第二次腿重,有的正好相反,还有的采用两次均匀打水,多数运动员第二次打腿力量更大,速度也更快。

图 4-5-1

(二)手臂划水时身体姿势

在手臂划水的任何阶段都需要全身各个环节的协调配合，以开始向外划水和抱水时为例，身体姿势（见图4-5-2）是：

(1)脚在身体各环节中处于最低的位置，胸、肩都充分前伸，使肌肉拉长，为抱水做好准备；

(2)髋关节上升，几乎离开水面；

(3)头位于水面以下，眼看前下方。

图4-5-2

(三)完整的配合方式

蝶泳一般采用2：1：1的完整配合方式，即2次打水、1次划水、1次吸气，也可以采用4：2：1的配合方式，即4次打水、2次划水、1次吸气。

二、训练方法

要想很好的掌握与加强完整的蝶泳配合技术，需要通过正确的训练方法来进行练习与巩固。

(一)两臂配合模仿练习

1.目的

两臂配合模仿练习的目的是,掌握两次打腿与手臂配合的时机。

2.动作方法

两臂配合模仿练习的动作方法(见图4-5-3)是:

(1)直立做蝶泳划水模仿,用屈膝代表向下打水;

(2)用口令控制节奏,"1"打腿－手入水,"2"手推水－打腿;

(3)熟练后加呼吸配合,"1"入水－打腿－低头,"2"手向上推水－打腿－抬头换气。

图4-5-3

(二)单臂配合练习

1.目的

单臂配合练习的目的是,掌握手腿配合的正确时机。这是个

非常关键且常用的练习手段，在掌握完整配合技术之前，可大量采用这个练习。对于一些年龄较小的儿童，掌握完整配合有较大困难，容易出现一些错误技术动作，如果成为习惯很难改变，可以用单臂配合代替蝶泳配合练习。

2.动作方法

单臂配合练习的动作方法有两种（见图4-5-4）：

（1）单臂前伸，另一臂划水，同时与打腿和呼吸协调配合，转头或抬头吸气；

（2）一臂放在体侧，另一臂划水。

第一种练习相对简单一些，适合初学者。练习时可将下潜动作做得夸张一些，想象自己从一条小船的尾部下潜，从船头出水，强调头在手之前入水，及躯干的波浪动作。第二种练习难度大一些，身体平衡不容易掌握，但更接近配合动作。

图4-5-4

（三）不同形式的分解配合练习

这是指单臂配合的不同形式，如先做 5 次左手、5 次右手，再做 3 次左手、3 次右手，然后做 1 次左手、1 次右手，等等。

（四）分解过渡配合练习（见图 4-5-5）

分解过渡配合练习是指连续做两次左手单臂分解动作、两次右手单臂分解动作和两次完整配合动作。这是从分解到完整配合之间的过渡练习，还可以选择其他组合次数。随着动作的熟练，分解的次数可减少，配合的动作次数可逐渐增多。

图 4-5-5

(五)逐渐减少打水次数的蝶泳配合

这是一个过渡练习,可降低蝶泳配合的难度,帮助练习者逐渐掌握正确的蝶泳配合,动作方法是:

两臂前伸呈流线型俯卧,打水3次,第4次边打水边做蝶泳划水和呼吸动作,也就是将配合节奏减慢,划水1次打水4次,然后逐渐减少到划水1次打水3次,最后划水1次打水两次。注意吸气后目视池底,臀部要上移出水面,每次将两手拇指短暂相扣到打水完成。

(六)完整配合练习(见图4-5-6)

年龄小的运动员力量不足,难以游较长的距离。如果距离过长,还容易使动作变形,节奏破坏,一旦养成习惯很难改变。因此配合一定要在分解动作非常熟练,且配合节奏准确无误时才能进行。配合游泳的距离以不破坏动作为依据,逐渐加长。即使配合动作已经熟练,在训练中也要经常做各种分解练习。

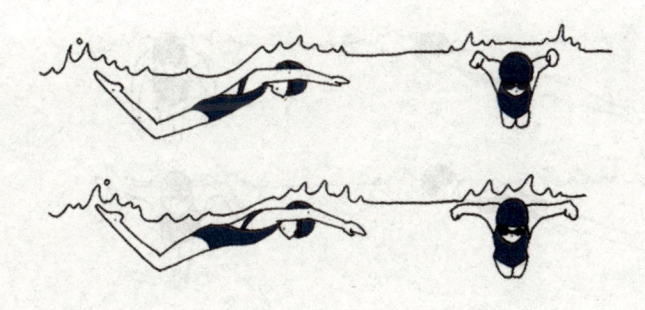

蝶泳 仰泳

DIEYONG JIBEN JISHU 蝶泳基本技术

图 4-5-6

第六节 出发技术及训练方法

出发技术是比赛中比较关键的一项技术，往往能影响比赛结果。

一、出发技术

蝶泳常见的出发技术有抓台出发、蹲踞式出发和摆臂式出发等。

（一）抓台出发

抓台出发技术可以分为预备姿势、拉台、离台、腾空、入水、滑行、起游等几个阶段（见图4-6-1）。

1. 预备姿势

在"各就位"的口令后，用两脚的脚趾钩住出发台的前缘，膝关节弯曲40°左右，目视前下方。

2. 拉台

出发信号（一般是枪声或笛声）发出后，手臂向上拉出发台。

3. 离台

身体重心前移到出发台前面，屈膝、屈髋，身体向前下方移动，手脱离出发台向前摆动，脚蹬离时，手臂在前下方伸展，眼向下看。

4.腾空

离台后,身体伸展,在空中滑行,躯干越过空中最高点后,弯腰呈弓形,之后两腿上抬,身体重新呈直线准备入水。弯腰的目的是增大入水角度,使身体各个部位从一点入水,减少入水阻力。

5.入水

入水时,整个身体依次从手入水的点入水(即洞式入水)。

6.滑行

入水后身体保持流线型滑行。蝶泳项目一般入水较深,滑行距离较长。

7.起游

滑行速度开始下降时,两腿做海豚式打水直到身体升到水面,然后划水起游。

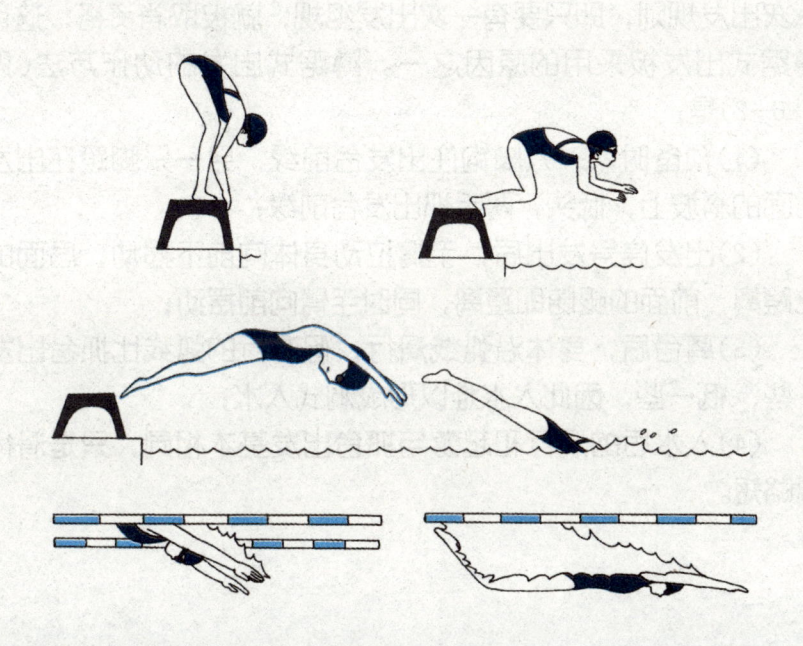

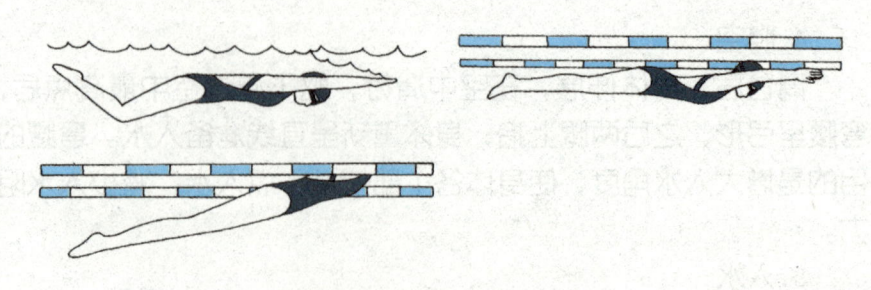

图 4-6-1

(二)蹲踞式出发

蹲踞式出发像短跑的蹲踞式起跑。目前在短距离项目中有很多运动员采用蹲踞式出发,主要原因是这种出发离台速度快,而且重心低,比较稳定,不容易抢码犯规。因为现在很多比赛采用一次出发规则,即只要有一次出发犯规,就被取消资格,这也是蹲踞式出发被采用的原因之一。蹲踞式出发的动作方法(见图4-6-2)是:

(1)预备时,一只脚钩住出发台前缘,另一只脚蹬在出发台后面的斜坡上,低头,两手抓出发台前缘;

(2)出发信号发出后,手臂拉动身体向前下移动,后面的腿先蹬离,前面的腿随即蹬离,同时手臂向前摆动;

(3)离台后,身体沿弧线滑行,但滑行的弧线比抓台出发平一些、低一些,因此入水难以形成洞式入水;

(4)入水后的滑行和起游与抓台出发基本相同,只是滑行距离略短。

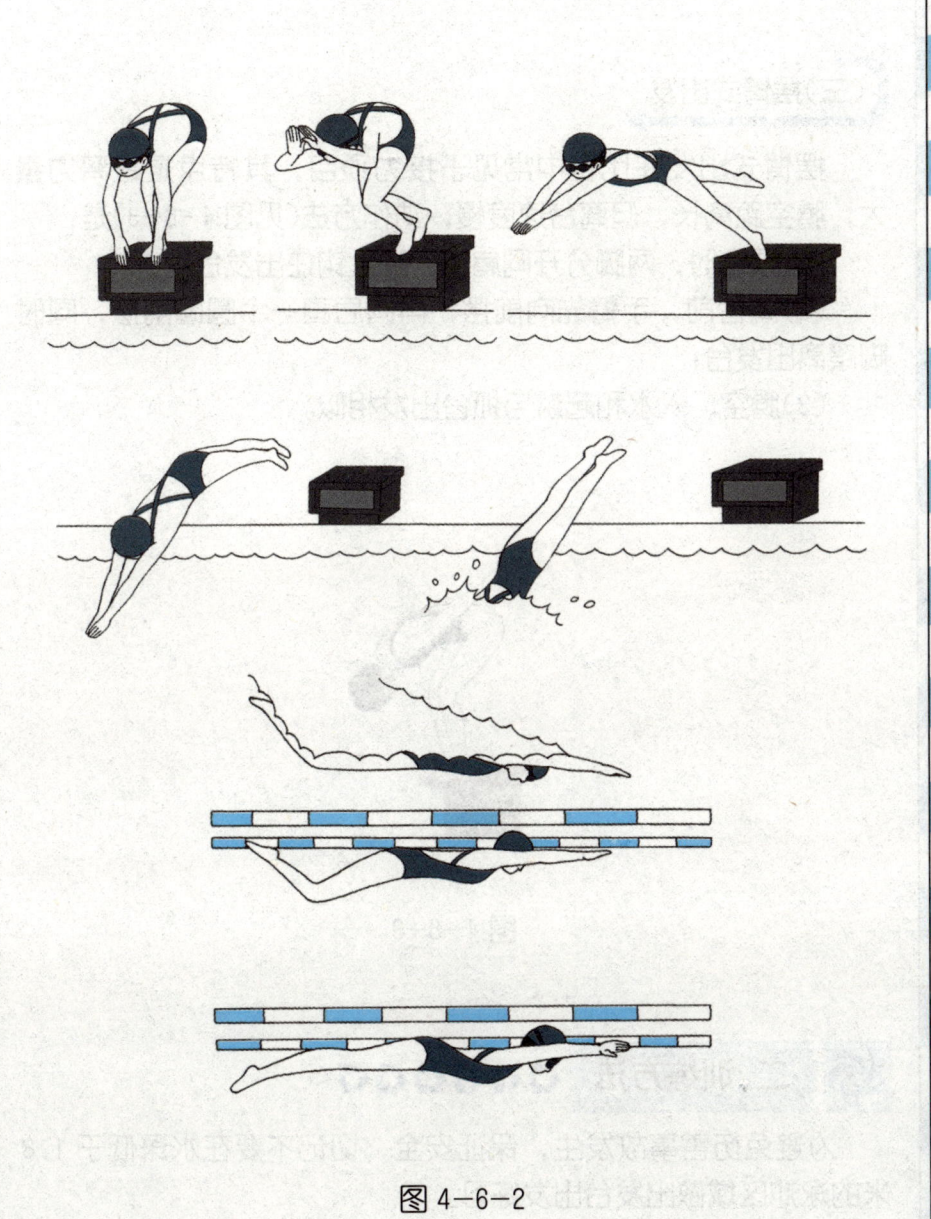

DIEYONG JIBEN JISHU 蝶泳基本技术

图 4-6-2

(三)摆臂式出发

摆臂式出发在比赛中常见于接力项目,其特点是蹬离力量大,腾空距离长,但离台速度慢,动作方法(见图4-6-3)是:

(1)预备时,两脚分开同肩宽,脚趾钩住出发台前缘;

(2)离台前,手臂先向前摆,再向后画一个圆圈前摆,同时脚蹬离出发台;

(3)腾空、入水和起游与抓台出发相似。

图4-6-3

二、训练方法

为避免伤害事故发生,保证安全,切记不要在水深低于1.8米的泳池区域做出发台出发练习。

(一)出发台上蹲踞跳水练习

出发台上蹲踞跳水练习的主要目的是,体会蹲踞式出发的预备姿势和起跳动作,动作方法(见图4-6-4)是:

(1)用蹲踞式出发的预备姿势准备,重心逐渐前移;
(2)直到身体无法保持平衡时,摆臂向前跳出,脚先入水。

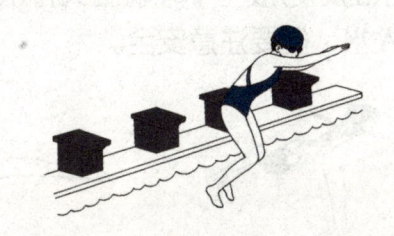

图 4-6-4

(二)池边出发

池边出发的动作方法(见图4-6-5)是:

(1)站在池边前沿,弯腰准备,身体慢慢前移到失去平衡;
(2)手臂前摆,蹬离池边,从一点入水。

图 4-6-5

(三)出发台出发

出发台出发的动作方法（见图4-6-6）是：

(1)站在出发台上，弯腰准备，身体慢慢前移到失去平衡，摆臂向前跳出；

(2)可以练习抓台式，也可以练习蹲踞式或摆臂式，还可以在预计入水的地方放一个呼啦圈或打水板，让身体从呼啦圈内或打水板前入水，但要注意安全。

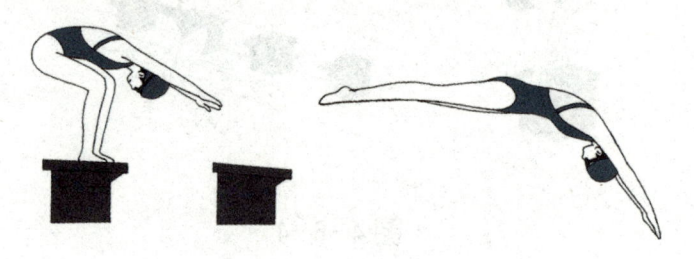

图4-6-6

第七节 转身技术及训练方法

转身技术的好坏往往在很大程度上影响运动员的比赛成绩，所以练习好转身技术，是一名优秀运动员必须做到的。

一、转身技术

根据比赛规则的规定，蝶泳转身时身体的某一部分必须触及池壁。转身后可以在水下做海豚式打水，但在15米之前头必须露出水面。蝶泳与蛙泳的转身技术相似,下面仅介绍一种方便易学的摆动式转身技术,分为游近池壁、触壁转身、蹬离池壁和滑行起游等几个阶段。

(一)游近池壁

游近池壁的动作方法(见图 4-7-1)是:

(1)游近时,注意观察池壁的距离,以便及时调整动作,以使在移臂或伸臂时前伸触壁;

(2)最后一次打腿动作应有力度,使身体在触壁时获得较大的动量,这个动量能够帮助上身像弹簧一样向反向转动。

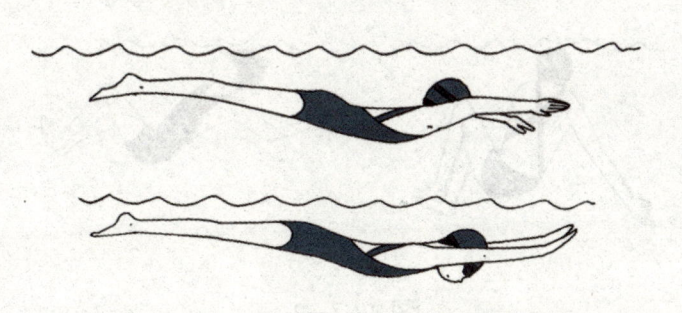

图 4-7-1

(二)触壁转身

以向左转身为例,触壁转身的动作方法(见图 4-7-2)是:
(1)转身时两手必须同时触壁,两肩应水平,一旦触壁,应

立即将腿紧收到腹下，同时提左肩；

（2）此时左手迅速离开池壁，通过屈肘回到肋骨部位，然后向后伸展，同时右臂屈肘，使身体接近池壁，并将两腿团紧，收到腹下；

（3）当腿收到腹下时，左臂猛然伸展，使头迅速经空中离开池壁，右手将身体推离池壁；

（4）右臂从空中摆动，与左臂会合，同时右手的手掌向上转动，并向上划水，这样可以帮助头部进入水中。

图 4-7-2

（三）蹬离池壁

蹬离池壁的动作方法（见图 4-7-3）是：

（1）当脚触壁时，尽量将两手伸到头前，然后立即蹬离池壁；

（2）蹬离时，手臂和两腿同时伸展，身体呈侧卧位；

（3）在腿伸展的同时，身体开始向俯卧位转动，并在后面的滑行中完成该转动过程；

（4）脚离开池壁后，两腿交叉，使上面的腿压过下面的腿，这样可以协助身体转动。

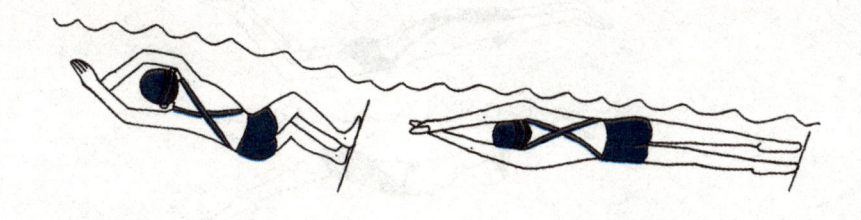

图 4-7-3

（四）滑行起游

滑行起游的动作方法（见图 4-7-4）是：

（1）蹬离池壁后，以流线型姿势向前滑行，直到滑行速度降到接近游进速度；

（2）此时开始做海豚式打腿，如果海豚式打腿效果较好，可以多做一些动作，充分利用这一优势，在 15 米之前露出水面；

（3）即将露出水面时，做一次划水动作将身体升到水面，开始正常游进。

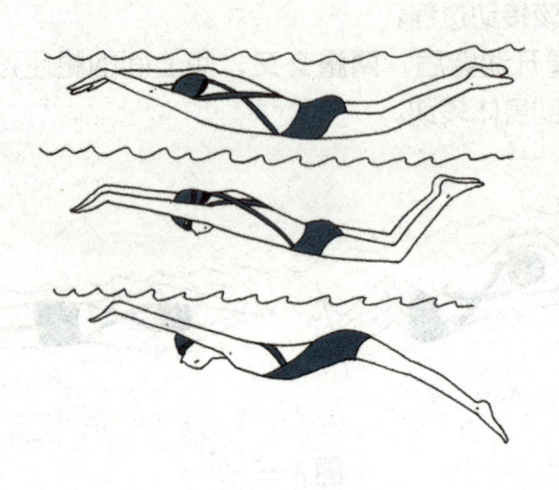

图 4-7-4

二、训练方法

(一)抓水槽或池边转身练习

1. 目的

抓水槽或池边转身练习的目的是,掌握转身时的身体动作,体会蹬壁的感觉。

2. 动作方法

抓水槽或池边转身练习的动作方法(见图 4-7-5)是:

从池边 5 米处开始游蝶泳，两手触壁时用手抓住水槽或池边，将身体向池边拉，团身、收腿、转身、摆臂，脚蹬离池壁，在水下滑行。

图 4-7-5

(二)蹬边和水下蝶泳腿及起游练习

1.目的

蹬边和水下蝶泳腿及起游练习的目的是,强化转身以后的蹬壁滑行、水下海豚式打腿和起游技术,体会用通过手腕和头向上或向下调节身体在水中深度的方法。

2.动作方法

从水下蹬边,按照前面描述的动作进行水下滑行、海豚式打腿和起游动作。在动作完成时,身体及早露出水面,滑行或打水时可略低头;如果身体过晚露出水面,可略向上扬手腕,使身体上升。

(三)完整蝶泳转身练习

按照上面描述的技术动作,从离池壁 5～10 米处开始,做完整的摆动式转身练习。

第五章 蝶泳比赛规则

没有规矩不成方圆，运动的乐趣不仅来源于运动技巧，更在于在规则的指导下，合理规范地进行体育锻炼。本章介绍蝶泳比赛规则的有关知识。

第一节 程序

　　比赛程序是指参赛队员在参加比赛之前和比赛过程中，以及比赛结束时所要注意遵守的相关规则，包括参赛办法和比赛方法。

一、参赛办法

　　参赛单位必须按照比赛规程和规定来确定各项比赛参赛人数，以及每人参加的项目，并在规定的时间内报名，报名后不得更替人员或更改项目。

二、比赛方法

（一）出发

　　出发具体包括以下内容：
　　（1）运动员在出发台上出发；
　　（2）运动员有两次出发的机会，第一次如果抢跳犯规，被召回后可进行第二次出发，此次如果再抢跳犯规将不予召回，取消比赛资格；
　　（3）在比赛开始前，发令员鸣短哨示意运动员脱去外衣，鸣

长哨示意上出发台；

（4）预备口令为"各就位"，出发信号为鸣枪、鸣哨、电笛或口令等。

（二）计时

计时具体包括以下内容：

（1）人工计时、自动装置计时与半自动计时，均为正式的计时方法；

（2）人工计时的方法要求每条泳道应有2～3名计时员；

（3）正式成绩的决定方法为：3块计时表中2块相同的为正式成绩；3块都不相同的，中间的计时为正式成绩；如果只有两名计时员，应以较低的成绩为正式成绩。

第二节 裁判

学习和了解裁判方法，有助于我们掌握裁判员的判罚尺度，合理有效地运用规则，从而提高比赛成绩。

一、裁判员

游泳比赛所需裁判员很多，需20～50人，分别为以下岗位：总裁判长、副总裁判长、执行总裁判、技术检查员、计时长、转身检查长、终点长、编排记录长、检录长、发令员和宣告员等。

二、犯规

犯规主要内容如下：

（1）运动员必须在自己的泳道内行进，所游泳姿必须符合比赛规定，比赛中运动员转身时身体的某一部分必须触及池壁，转身必须从池壁完成，否则即为犯规，取消比赛成绩；

（2）运动员不得使用或穿戴任何有助于增加速度、浮力的器具（如手膜、脚蹼等，但可戴护目镜），否则取消比赛成绩；

（3）不允许陪游、带游，不允许速度诱导或采取任何能起速度诱导作用的措施，否则重新开始或取消比赛成绩。

仰泳

第六章 仰泳概述

水孕育了人类的文明，它与我们的生活息息相关。人类为了生活而栖息水边，为了生存而蹚河涉水。我们发现生存与生活都需要熟知水性这一基本技能。经过不断地探索，人类创造了在水中凭借人体的浮力，并依靠两臂和两腿运动产生推动力前进这一驾驭水的技能——游泳。

第一节 起源与发展

游泳自古以来就被人们所熟知，人类的游泳活动源远流长，其产生与人类社会的生产劳动、生活娱乐及战争等紧密相连，它是在人类征服自然、改造自然的生产劳动中产生的，在满足人们的娱乐和竞争中发展起来的。

一、起源

早在5000多年前的原始社会，我们的祖先就曾依山打猎，傍水捕鱼。他们在水中捕捉水鸟和鱼类时，通过观察和模仿鱼类、青蛙等动物在水中游动的动作，逐渐学会了游泳。

（一）现代游泳运动的起源

现代游泳运动起源于英国。17世纪60年代，英国不少地区的游泳活动就开展得相当活跃。1828年，英国在利物浦乔治码头修造了第一座室内游泳池，这种室内泳池于19世纪30年代在英国各大城市相继出现。

1837年，英国伦敦成立了第一个游泳组织，同时举办了英国最早的游泳比赛。1869年1月，在伦敦成立的大城市游泳俱乐部联合会（英国业余游泳协会前身），把游泳作为一个专门的运动项目正式保留了下来。随后，游泳运动传入各英属殖民地，继而传遍全世界。

(二)仰泳的起源

游泳时，只要是身体仰卧的泳姿都可称为仰泳。现代的竞技仰泳，身体仰卧水中，两腿上下交替打水，两臂经空中向前移臂后在体侧轮流向后划水。

仰泳的历史较为久远。18世纪时就有了关于仰泳技术的记载。最初的仰泳，是在游泳中仰卧漂浮作为水中休息。后来发展为仰卧水上，以两臂同时在体侧向后划水，两腿做蛙泳的蹬夹水动作游进的技术，也称为"蛙式仰泳"或"反蛙泳"。

二、发展

在第1届奥运会上，游泳被列为比赛项目之一。1900年，第2届奥运会设立了仰泳比赛项目。

自1902年出现爬泳技术后，就开始有人在游仰泳时，采用类似爬泳的两臂轮流向后划水的技术，腿仍旧用蛙泳蹬水动作，以后再发展到将两腿动作改为上下交替打水的技术。1912年第5届奥运会上，美国运动员赫布尔采用了这种爬式仰泳的技术，获得了100米仰泳冠军，证实了爬式仰泳技术的优越性。从此，在仰泳比赛中，爬式仰泳取代了蛙式仰泳。

1968年奥运会上，民主德国运动员马特斯采用了大屈臂、深划水、强有力的打腿技术，这成为仰泳技术发展的转折点。

中国的仰泳在新中国成立后进步很快，1953年第1届国际青年友谊运动会上，中国优秀运动员吴传玉在男子100米仰泳比赛

中夺得金牌，为祖国争得了荣誉。这是新中国成立后，中国运动员第一次在重大国际比赛中获得冠军，五星红旗第一次在国际体坛上空升起。

中国仰泳项目与其他三种姿势相比，仍较落后。进入 20 世纪 90 年代开始有了可喜进步。林莉在第 11 届亚运会上夺得女子 200 米仰泳金牌；1994 年第 7 届世界游泳锦标赛上，贺慈红创女子 100 米仰泳世界纪录并获冠军。

第二节 特点与价值

仰泳运动适合各年龄人群，强度适中，对提高身体素质和发展心智都有着积极的作用，而且还有助于各国之间，及人与人之间进行文化交流。

一、特点

仰泳是游泳四种泳姿中唯一采用仰卧姿势在水中行进的泳姿，仰泳和其他几种泳姿在姿势、动作结构、呼吸方式上都有较大的区别。

（一）姿势特点

在仰泳时，游泳者采用仰卧方式在水中游行，脸部露出水面。

(二)技术动作特点

仰泳打腿通过脚的上下运动获得推进力。当左脚向上踢时，踝关节的柔软性决定了脚的伸展角度，柔软性越好，向上踢产生的升力就越大。仰泳打腿是依靠左脚上踢的推进力，加上右脚下压的推进力作用于身体重心而获得推进力的。

理想的划水路线，应该是手入水抱水后略向上划，划过肩关节后向下推水的"S"形划水路线，其关键在于手的运动方向在做上下划水时要有一定的深度，以确保划水路线的正确和持续划水的时间。理想的划水路线所获得推进力产生的游进速度变化模式应有4个速度峰值，即在抱水和推水时各有一次加速度。

(三)呼吸特点

由于仰泳是采用仰卧的姿势在水中游水，脸部外露于水面，所以呼吸较容易，不涉及换气的过程。

二、价值

游泳运动是一项有氧运动，长期从事游泳锻炼，不仅可以有效预防感冒、呼吸道等疾病，还可以提高人的心肺功能、培养人的坚强意志品质。

(一)提高心肺功能

游泳时人的胸腔和腹部都受到水的压力，胸部承受的压力为

120～150 牛顿，给呼吸带来了困难。长期的游泳锻炼，可以使呼吸深度增加，肺活量提高。优秀游泳运动员的肺活量可达 5000～7000 毫升，而一般健康男子仅为 3500 毫升左右。

（二）培养坚强意志

　　学游泳的第一步就是要克服怕水的心理，随着教学活动的进行还要克服怕苦、怕冷、怕累的心理。克服不良心理后，青少年的自制能力会得到提高，自信、坚毅、勇敢的良好品质会得到培养，守纪律、讲秩序、互相帮助的良好习惯也会形成，这些都会对青少年思想品质的培养起到积极的作用。

第七章 仰泳场地和装备

　　本章主要向大家介绍游泳场地的分类和游泳场地中一些常见设施的使用方法，以及游泳锻炼者在游泳时所需要的装备和使用方法，以便锻炼者在游泳时可以安全地进行身体锻炼和操作。

第一节 场地

仰泳的场地可分为比赛泳池，练习泳池和江河湖海的天然泳场，青少年应尽可能选择在室内泳池。以下向大家介绍比赛用的泳池。

一、规格

游泳池分长池和短池，长池的长 50 米，短池的长为 25 米，池宽不限（见图 7-1-1）。

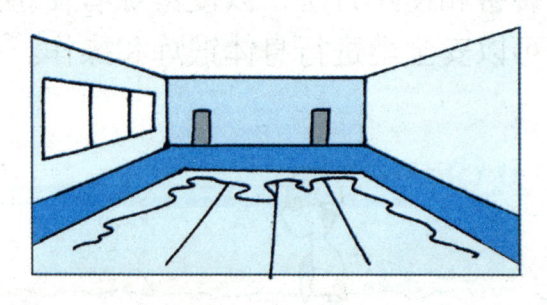

图 7-1-1

二、设施

(一)泳道(见图 7-1-2)

泳道宽不得少于 2 米，第一泳道与最后一条泳道与两侧池壁的距离不少于 20 厘米。

图 7-1-2

(二)出发台(见图 7-1-3)

出发台是游泳比赛中选手们出发时的一种工具,它在泳道的起始端,起到加速出发的作用。

图 7-1-3

(三)扶梯(见图 7-1-4)

扶梯是泳池中必不可少的一项装备,它有助于增加锻炼者出入水时的安全性。

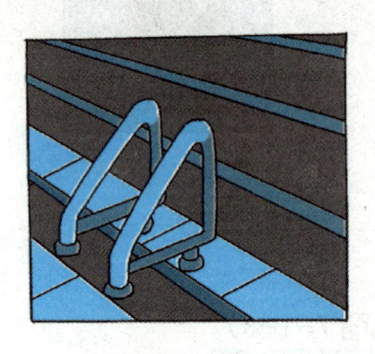

图 7-1-4

三、条件

(1)比赛泳池水深应在 2 米以上;非比赛泳池,水深不得少于 1 米,从池端 1 米至 5 米的范围内,池深至少 1.2 米;

(2)比赛水温为 27℃~28℃,室外游泳池应不低于 24℃;

(3)比赛时,池水必须保持正常水位,水面要平稳,如采用循环换水,池水不得有明显的流动或漩涡,池水要清澈,运动员可看清池底和池壁标志线。

第二节 装备

游泳装备除泳衣、泳帽外还包括泳镜、耳塞、鼻夹和浮体物品等，游泳装备在游泳中不可缺少，是游泳者安全的保障。

一、游泳衣

游泳衣（见图 7-2-1）必须合身，泳衣太大，游泳时容易兜水，加大身体负重和阻力，影响游泳动作；泳衣太小，穿在身上不舒服，也会妨碍游泳动作的展开。

图 7-2-1

二、游泳帽

游泳时应戴游泳帽（见图 7-2-2），戴游泳帽可以防止头发散

乱，还可以防止因水质不好而损伤发质。游泳帽不能过大，如果太大很容易造成泳帽脱落。制作游泳帽应选用有弹性的尼龙或橡胶材料。

图 7-2-2

三、游泳镜

池水如果不干净，游泳时细菌很容易进入眼睛，容易导致红眼病等眼部疾病。为了预防眼部疾病，需要戴游泳镜（见图7-2-3）。对于初学者来说，戴泳镜还可以纠正在水中睁不开眼睛的毛病。

图 7-2-3

四、耳塞

游泳时耳朵进水是难免的,耳朵进水后会很不舒服,严重者会引起耳部疼痛,甚至影响听力。为了防止耳朵进水,需佩戴耳塞(见图 7-2-4),家庭锻炼更应如此。

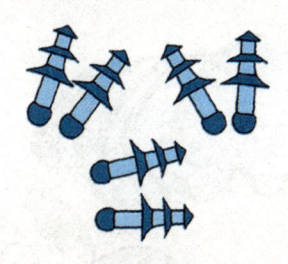

图 7-2-4

五、鼻夹

游泳时,水波会把水冲入鼻孔,引起呛水。对初学者来说,为了防止呛水,一定要戴好鼻夹(见图 7-2-5)。

图 7-2-5

六、浮体物品

初学游泳者最好准备一些浮体物品，如救生衣、泡沫塑料等（见图 7-2-6），以防在水中发生溺水等意外。

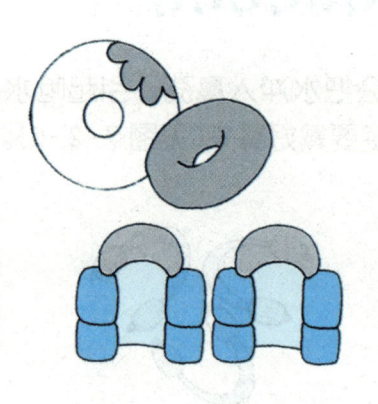

图 7-2-6

七、浴巾和拖鞋

浴巾和拖鞋是游泳者必备的用品。游泳者在上岸休息时,可以用毛巾擦干身体,披上浴巾,穿上拖鞋,既可以保暖,又比较卫生。冬泳时,由于天气寒冷,浴巾和拖鞋更不可缺少(见图7-2-7)。

图 7-2-7

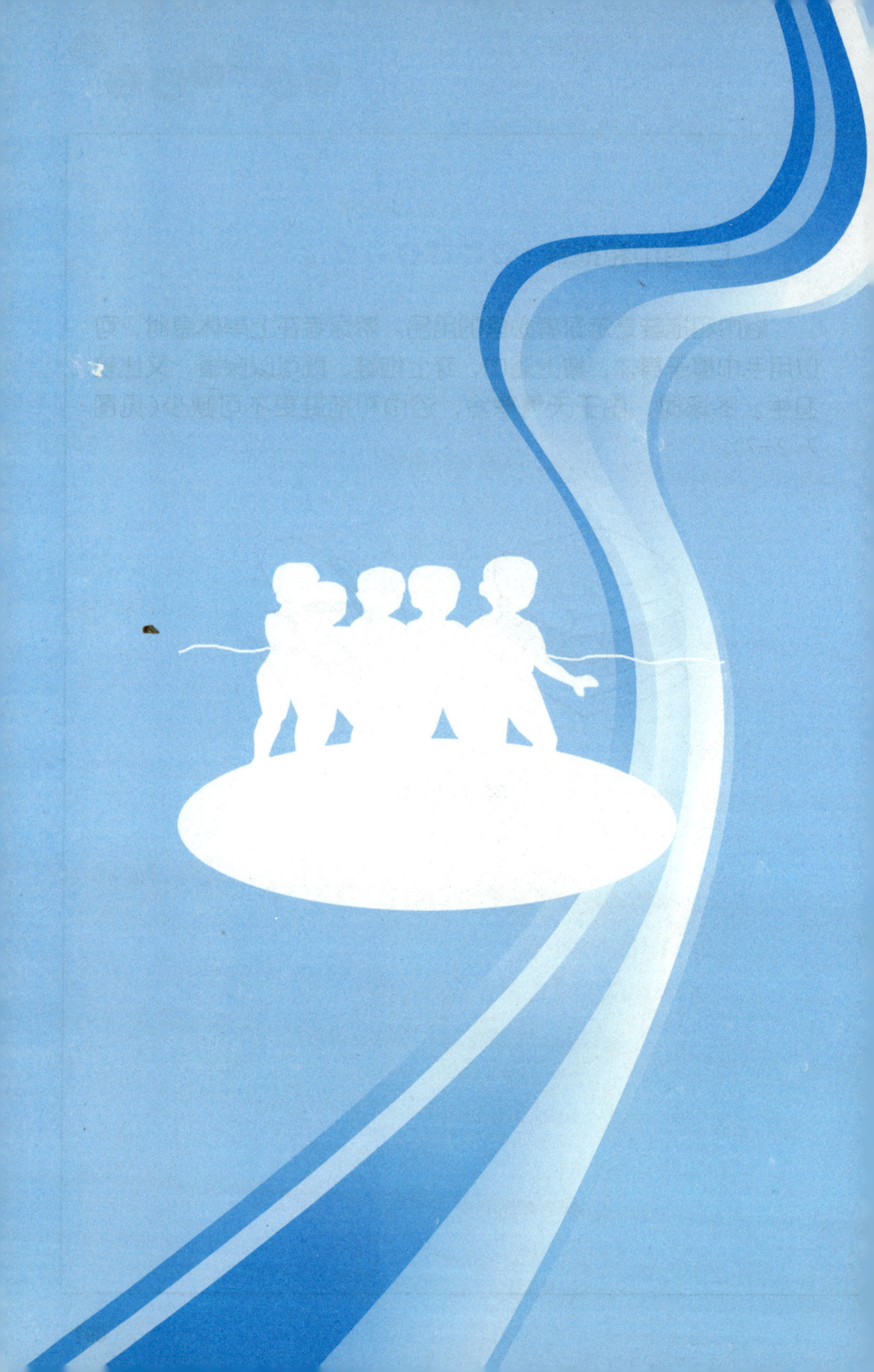

第八章 仰泳基本技术

基本技术是学好仰泳的前提,包括技术介绍、水性练习、动作练习和出发与转身等。

第一节 基本动作

仰泳的基本动作包括动作周期、身体姿势、腿部动作、手臂动作、呼吸和完整配合动作等。

一、动作周期

仰泳时，身体仰卧水中，两臂轮流在体侧向后划水，两腿交替上下打水，多采用打水6次，划臂2次，呼吸1次的配合技术。一个动作周期的动作方法（见图8-1-1）是：

（1）左臂在肩的正前方入水，手臂伸直，手掌朝外，小指领先入水，此时右臂已完成划水动作，开始向上提臂，左腿向斜上方踢水；

（2）左臂入水后，直臂向下准备抱水，右臂向上提出水面；

（3）左臂向侧下方勾手腕，屈肘抱水，右臂继续向上移动，右腿处于向下打水的最下方，准备向斜上方踢水；

（4）左臂继续向后划水，屈臂程度逐步加大，手掌几乎正对后方，右臂在垂直面上向前移臂，右腿开始向斜上方踢水；

（5）左臂划至肩侧时，屈臂程度最大，肘关节约成90°～100°角，右臂继续前移，手掌心开始转向外；

（6）左臂开始向后推水，右臂移至肩上方，手掌转向外；

(7)左手向后推水至髋部,手掌靠近身体,准备继续向后下方推水,右臂继续在垂直面上前移;

(8)左手在完成向下推压水动作之后,手臂伸直,手掌心向下,此时右臂直臂,小指领先入水,手掌向外;

(9)左肩在左臂出水前出水,右臂入水后直臂向下,准备抱水;

(10)左臂领先出水,小指向上并向前上方移臂,右臂完成抱水动作后,开始屈臂向后划水,左腿开始向上踢水;

(11)左臂移至肩上方,右臂划至肩侧,肘关节约成90°～100°角,准备向后推水,左腿开始向斜上方踢水;

(12)左臂沿垂直面继续向前移臂,右臂向后下方推压水;

(13)左臂移臂将结束,准备入水,右手推压水结束,整个仰泳动作周期完成。

蝶泳 仰泳

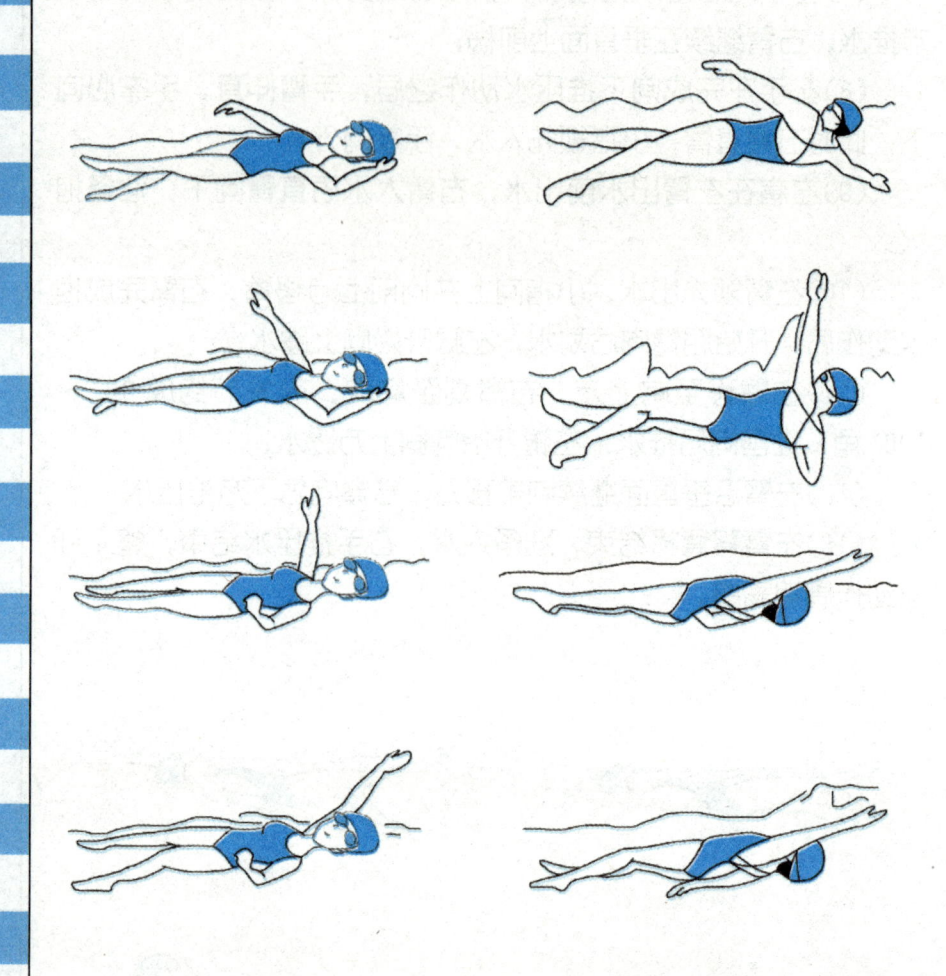

图 8-1-1

二、身体姿势

仰泳时，正确的身体姿势能够保证腿部动作和手臂动作的协调一致，从而节省体力、加快游速，动作方法（见图8-1-2）是：

(1) 身体较平直地仰卧水中，头和肩略高于臀，身体纵轴与水平面构成一个不大的迎角；

(2) 头起着舵的作用，因而要保持稳定，并自然地平枕在水中，双耳位于水面下，整个面部露出水面，眼睛直视上方；

(3) 上体随划水和移臂而向两侧转动，这种转动有利于加强划水力量和移臂动作，上体向每侧转动的幅度约为40°（两肩的连线与水面的角度），但是头部应尽量保持稳定。

转动的幅度

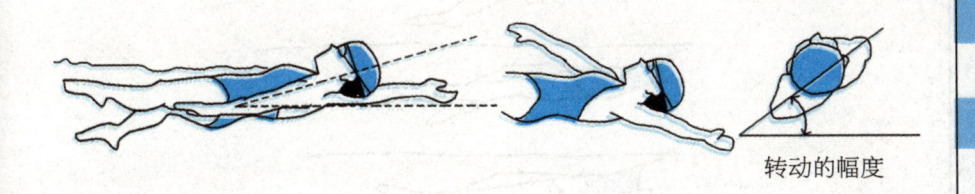

图 8-1-2

三、腿部动作

仰泳时，打腿主要用来保持身体位置，并可产生一定的推进力，动作方法（见图8-1-3）是：

(1) 大腿带小腿，双腿向上打水；

(2)打腿时膝关节的弯曲程度大于爬泳,约成135°角,打腿的幅度也比爬泳深,约为45厘米;

(3)向下打腿是直腿完成的,大腿带动小腿下压到一定深度后,大腿停止下压,并转入向上打腿过程,此时小腿和脚在惯性的作用下仍继续下压,使膝关节弯曲成135°角左右;

(4)向上打腿动作是推进力的主要源泉之一,因而要用较大的力量来完成,当大腿向上移动到一定高度、膝关节即将展出水面时,大腿结束向上移动,转为下压,而小腿和脚仍继续上移直至接近水面,膝关节伸直形成鞭状打水动作;

(5)打腿的整个过程中,膝关节、小腿和脚都不能露出水面。

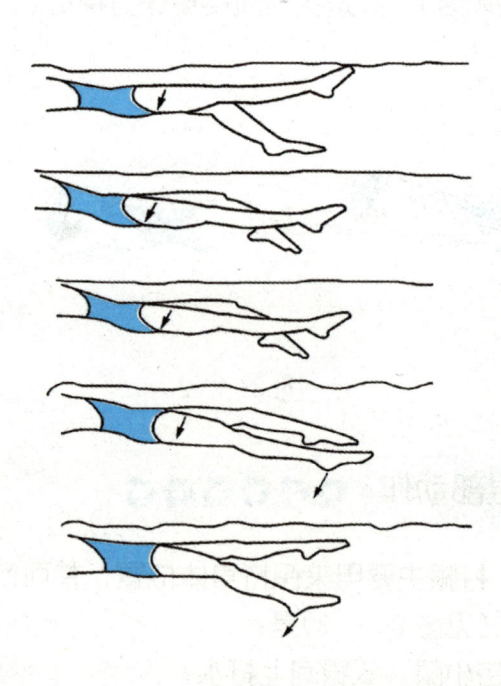

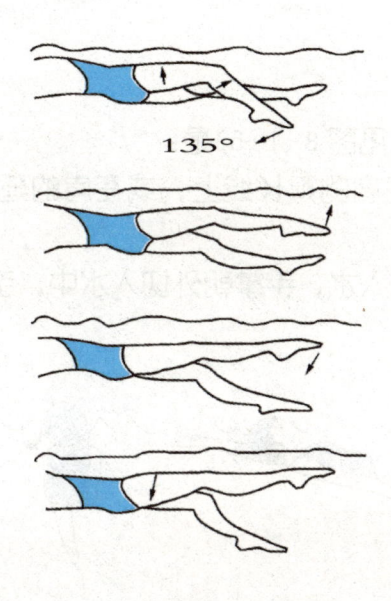

图 8-1-3

四、手臂动作

仰泳时，手臂在水下的划水路线呈"S"形（见图 8-1-4），划水速度由慢到快。手臂动作的正确与否直接影响游进的速度，包括入水、抱水、划水、出水和空中移臂等。

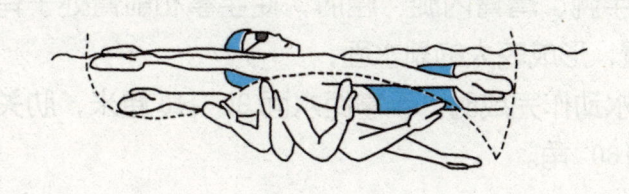

图 8-1-4

(一)入水

入水的动作方法(见图 8-1-5)是:

(1)手的入水点在肩的延长线上,或在肩的延长线与身体中线之间;

(2)以小拇指领先入水,手掌朝外切入水中,手掌伸直。

图 8-1-5

(二)抱水

抱水的动作方法(见图 8-1-6)是:

(1)当手臂入水后,躯干向入水的同侧转动,借助前移速度,直臂向下;

(2)勾手腕、肩臂内旋、屈肘,使手掌和前臂处于有利的向后对水位置,形成较大的划水面;

(3)抱水动作完成时,手掌距水面 30~40 厘米,肘关节弯曲成 150°~160°角。

图 8-1-6

（三）划水

　　仰泳的划水动作是推进身体前进的主要动力，整个动作从抱水结束开始，手臂以肩为中心，划至大腿侧下方为止，包括拉水和推水两部分，动作方法（见图 8-1-7）是：

　　（1）拉水时，肘关节逐渐加大弯曲程度，手向后、向上运动；

　　（2）拉水过程中，手的运动速度应快于肘，当手划至肩侧时，拉水动作结束，此时肘关节弯曲达最大限度，为 90°～100°，手高于肘，手与水面的距离约为 15 厘米；

　　（3）推水时，手、前臂和上臂同时向后做推水动作，手向后、向下运动；

　　（4）推水动作快结束时，前臂内旋向下做压水动作，推水结束时，手位于臀部侧下方，掌心向下，手臂伸直。

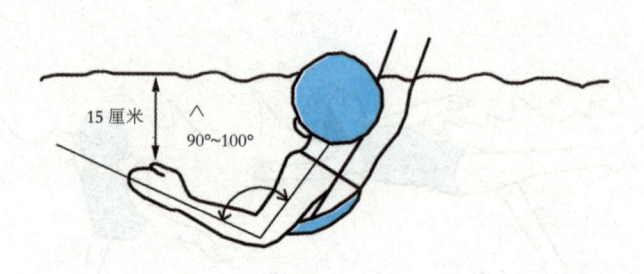

图 8-1-7

(四)出水

手臂出水是指手臂划水结束后,迅速提出水面的动作过程,动作方法(见图 8-1-8)是:

(1)划水结束时,手掌自然转向下方,并靠拢大腿,用手臂内旋下压的作用力和肩部三角肌收缩的力量,使手臂自然地提出水面;

(2)正确的出水动作是先压水后提肩,使肩露出水面后,由肩带动上臂、前臂和手依次出水。

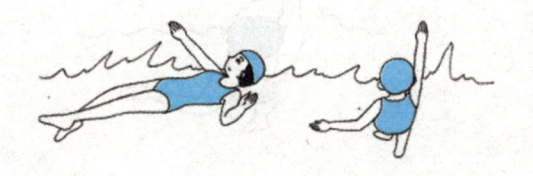

图 8-1-8

(五)空中移臂

仰泳时,两臂轮流交替地向后划水,即一臂在水下划水时,另一臂在空中移动。空中移臂的动作方法(见图 8-1-9)是:

(1)手臂出水后,以肩为轴,沿着同侧肩的上方在垂直面上直臂向前移动;

(2)当手臂移至肩的正上方时,手臂内旋,使掌心向外翻转,为入水动作做好准备。

图 8-1-9

五、呼吸

仰泳的呼吸要有节奏,一般是划臂两次,呼吸一次,动作方法是:
(1)用口吸气,用口和鼻呼气;
(2)在一臂移臂时吸气,另一臂移臂时呼气。

六、完整配合动作

在现代仰泳技术中,一般采用6∶2∶1的配合形式,即6次打腿,2次划臂,1次呼吸。

第二节 水性练习

水性是指游泳者在水中体会身体对水的掌控能力。水性练习的主要目的是让初学者体会与了解水的浮力、压力、阻力等特性，逐步适应水环境，消除怕水心理，培养对游泳的兴趣，并掌握一些最基本的游泳动作，为以后学习各种游泳技术打下基础。水性练习应在齐腰或齐胸深的水中进行。水性练习包括沐浴、下水、水中行走练习、水中闭气与呼吸练习、水中浮体与站立练习、滑行练习、池边坐撑打水练习、直立曲线划水练习、水中陀螺练习、仰浮体侧划水练习、俯浮狗刨式划水练习和"独木舟"式配合模仿练习等。

一、沐浴

每位游泳者下水前进行身体的沐浴是讲究卫生的要求。对于初学游泳者，尤其是对怕水的青少年来说，全身沐浴也是让他们体验水对脸部及五官的刺激的好方法。

二、下水

练习者应根据泳池的设置情况采取不同的下水方法。

1. 阶梯下水

如果泳池有较宽的台阶式阶梯，可以坐在阶梯上，一级一级地浸入水中，或手拉手慢慢地走入水中。

2. 扶梯下水（见图 8-2-1）

在现代化的游泳池中，扶梯一般都设在四角。阶梯常常是建在池壁上，梯子两侧有扶手，扶梯入水的最好方法是面对阶梯，双手扶住把手，慢慢下梯。

3.池边下水(见图 8-2-2)

即使池中没有阶梯,最好也在第一课中教会初学者坐在池边转身下水的方法,它可以加快入水练习的速度,节省更多的时间用于水中练习。同样也可以采取从池边出水的方法上岸。

图 8-2-1

图 8-2-2

三、水中行走练习

水中行走练习是游泳初学者需要先进行的练习,动作方法(见图 8-2-3)是:

(1)进入水中后,手扶池边或栏杆向侧滑步,或一手扶池边、一手在体侧拨水向前走;

(2)这个动作来回走两趟之后,双手离开池边或栏杆向前行走,如果有几个同伴一起练习,可呈一路纵队队形,手扶前者的

肩部或抱住腰部向前行走,或向后、向两侧行走;

(3)也可做跳跃动作,当跳得越来越高、蹲得越来越深时,可将头部短暂沉入水中,出水后不要去抹脸上的水珠。

图 8-2-3

四、水中闭气与呼吸练习

在水面上用口深吸气,在水中用口或鼻均匀慢呼气,这一练习是使初学者学会游泳呼吸的基本方法,包括水中闭气练习、水中睁眼练习、呼气练习和连续呼吸练习等。

(一)水中闭气练习

水中闭气练习的动作方法(见图 8-2-4)是:

（1）扶池边或拉住同伴的手，在水面上深吸一口气，然后闭口憋住气，把脸浸入水中，停留片刻；

（2）当脸离开水面后先用口把气呼尽，再张口深吸气；

（3）水中闭气时间由短到长，可采用数数的方法不断延长在水中闭气的时间；

（4）浸水时，也可以用由易到难的做法，由脸浸水过渡到头没入水中。

图 8-2-4

（二）水中睁眼练习

当水中闭气达到一定时间要求后，可在水下睁开眼睛观察水下的情景，练习方法多种多样，例如：

（1）看和数同伴伸出的手指；

（2）看游泳池底的砖的颜色或水中小玩具的颜色；

（3）捡水中的小石子。

(三)呼气练习

当脸或头部投入水中后,开始呼气,动作方法(见图8-2-5)是:

(1)用口缓慢均匀地呼气,但不要把气呼尽;

(2)呼气的后半部分,应边呼气边抬头,当口出水面时用力将气呼完。

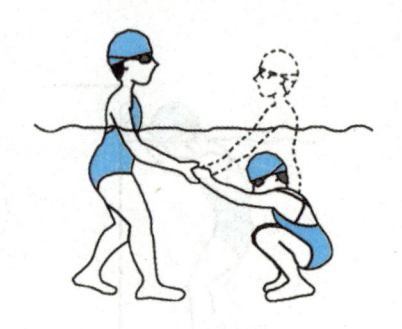

图8-2-5

(四)连续呼吸练习

连续呼吸练习,即在吸气的基础上连续地做呼气练习,动作方法(见图8-2-6)是:

(1)呼气时要慢而均匀,吸气时要快而深,呼与吸之间要有短暂的憋气;

(2)呼气时,注意在口将要出水之时,快速用力把气吐完,随即张口深吸气;

(3)反复练习,由3~5次逐渐增加到20~30次。

图 8-2-6

五、水中浮体与站立练习

水中浮体与站立练习常用于体会水的浮力、提高身体在水中的平衡能力,包括俯卧展体与站立练习、抱膝浮体与站立练习、展体浮体练习和仰卧浮体与站立练习等。

(一)俯卧展体与站立练习

俯卧展体与站立练习有四种方法。

1. 方法一(见图 8-2-7)

由俯卧姿势还原时,两臂前伸,手掌和双臂向下压水并抬头,同时牢牢踩住池底站稳,两臂于体侧在水中压水以保持平衡。

2. 方法二(见图 8-2-8)

手扶池边或栏杆,身体俯卧,一手扶池边或栏杆,一手下压做恢复直立动作。

117

3.方法三（见图 8-2-9）
用浮板或助浮物练习站立。
4.方法四（见图 8-2-10）
两人互相帮助站立。

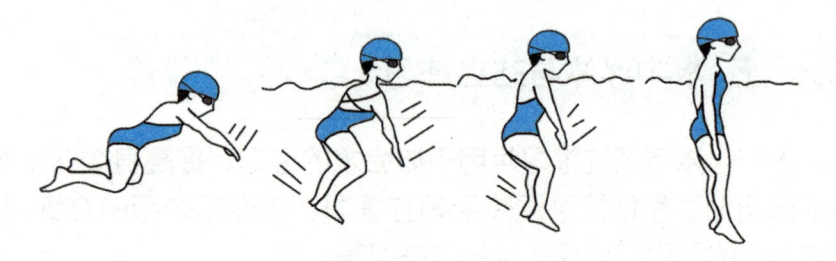

图 8-2-7

图 8-2-8

图 8-2-9

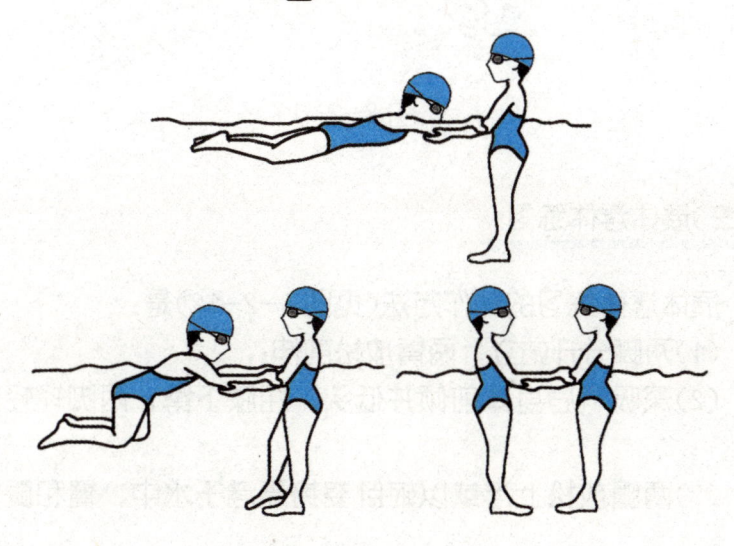

图 8-2-10

(二)抱膝浮体与站立练习

抱膝浮体是平衡漂浮的基础,动作方法(见图 8-2-11)是:
(1)原地站立,深吸气后腿部弯曲下蹲;
(2)低头,双手抱膝,膝尽量靠近胸部,形成低头团身抱膝姿势;

(3)用前脚掌轻蹬池底,助身体漂浮起来;
(4)闭气漂浮一段时间后,恢复站立姿势。

图 8-2-11

(三)展体浮体练习

展体浮体练习的动作方法(见图 8-2-12)是:
(1)两脚分开站立,两臂放松前伸;
(2)深吸气后身体前倾并低头,屈膝下蹲,两脚轻轻蹬离池底;
(3)两腿放松上浮或以俯卧姿势漂浮于水中,臂和腿自然伸直。

图 8-2-12

(四)仰卧浮体与站立练习

仰泳时，身体从原来比较习惯的俯卧姿势改变为仰卧姿势，所以初学者应该加强仰卧浮体与站立练习，动作方法（见图8-2-13）是：

(1)由仰卧浮体姿势站立时，手臂转动向下划水，低头、团身、收腿，呈屈体姿势；

(2)当团身接近与水面垂直时，头继续前倾，手臂向两侧后下划，使身体继续向前、向上，同时伸展双腿接触池底，抬头挺胸，呈直立姿势。

为了更好地掌握该动作，可做下列辅助练习：

(1)手扶栏杆（池边）做仰卧转直立练习（见图8-2-14）；

(2)双手握两块小浮板做仰卧转直立练习（见图8-2-15）；

(3)两人互助练习（见图8-2-16）；

(4)将双脚钩住栏杆，由仰卧还原成直立姿势练习（如见图8-2-17）；

(5)身体仰卧，头在水面，脸朝天，身体平直伸展，像躺在水面一样，肺部吸满气，手自然贴于身体两侧，两腿并拢，自然漂浮（见图8-2-18）。

开始做最后一个辅助练习时，由于心理作用，较容易犯的毛病是抬头而导致下肢下沉，或是低头收腹而造成臀部下沉。为了掌握该动作，可先做下列练习：

①手抱浮板的仰卧浮体练习（见图8-2-19）；

②手抱浮板脚钩栏杆（水槽）的仰卧浮体练习（见图8-2-20）；

③双脚钩栏杆（水槽），双臂在体侧的练习（见图8-2-21）；

蝶泳 仰泳

④同上练习，双臂前伸，头夹于两臂之间的练习（见图8-2-22）

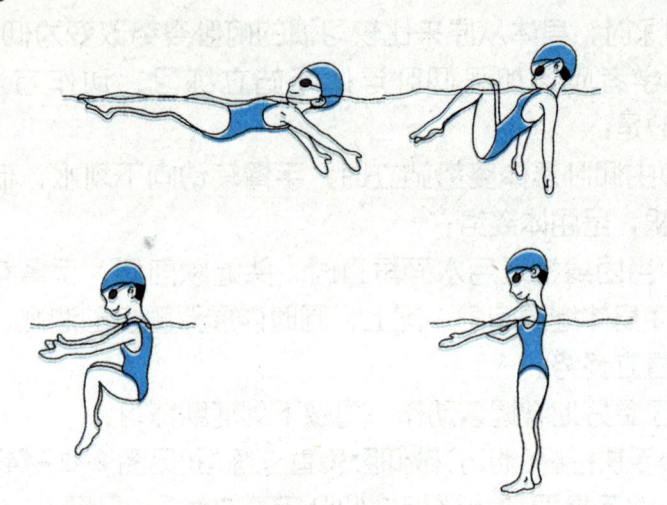

图 8-2-13

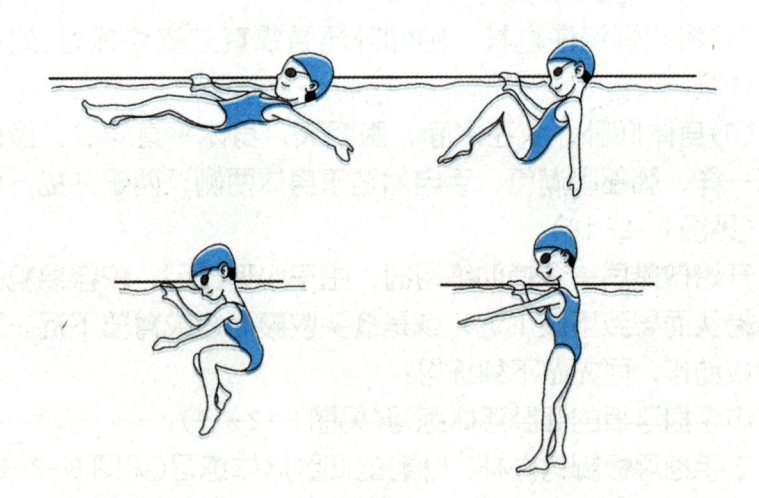

图 8-2-14

YANGYONG JIBEN JISHU　仰泳基本技术

图 8-2-15

图 8-2-16

123

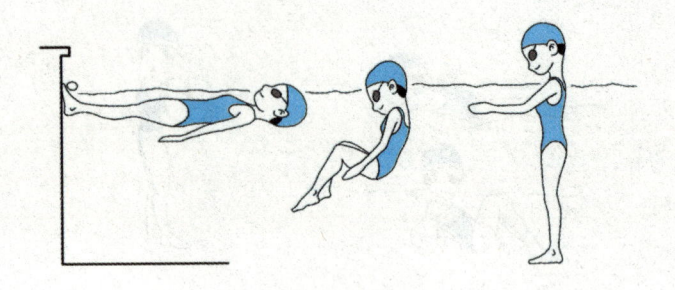

图 8-2-17

图 8-2-18

图 8-2-19

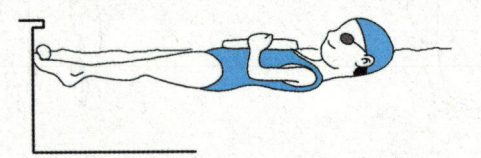

图 8-2-20

图 8-2-21

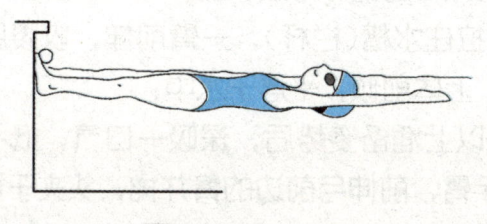

图 8-2-22

六、滑行练习

滑行练习是各式游泳的基础动作,是熟悉水性阶段的重点练习,通过这种练习可进一步体会水的浮力、掌握在水中平浮和滑行时的身体姿势,包括蹬池底滑行练习和仰卧蹬边滑行练习等。

(一)蹬池底滑行练习

蹬池底滑行练习包括蹬池底滑行和蹬边滑行。

1.蹬池底滑行

蹬池底滑行练习的动作方法(见图 8-2-23)是：

(1)两脚前后分开站立，两臂前伸，两手并拢；

(2)深吸气后体前倾屈膝，当头和肩浸入水中时，前脚掌用力蹬池底，随后两腿并拢，使身体呈流线型向前滑行。

2.蹬边滑行

蹬边滑行练习的动作方法(见图 8-2-24)是：

(1)一手拉住水槽(栏杆)，一臂前伸，收腹屈腿，两脚或单脚贴紧池壁，上体前倾，平浮于水中；

(2)做好以上准备姿势后，深吸一口气，低头提臀，随即放开拉池槽的手臂，前伸与前边的臂并拢，头夹于两臂之间，两脚用力蹬壁，使身体呈流线型向前滑行；

(3)该练习掌握后，可做原地站立、收脚提臀、蹬壁滑行练习。

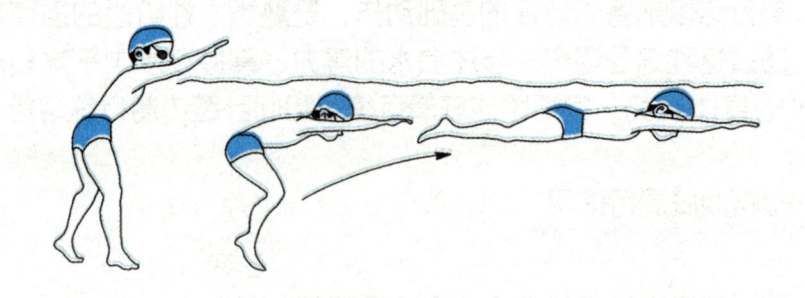

图 8-2-23

图 8-2-24

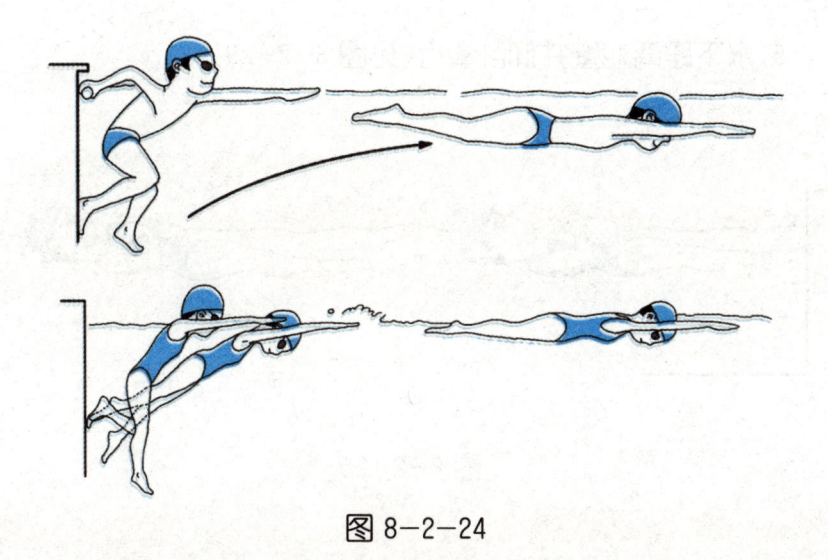

(二)仰卧蹬边滑行练习

仰卧蹬边滑行,即借助脚蹬池壁的力量仰卧滑行,包括手抱浮板仰卧滑行、手放体侧仰卧滑行、手臂前伸仰卧滑行、推离池壁仰卧滑行和水下蹬离池壁并仰卧滑行等。

1.手抱浮板仰卧滑行(见图 8-2-25)

脚钩栏杆(水槽),手抱浮板蹬离池壁,仰卧滑行。

2.手放体侧仰卧滑行(见图 8-2-26)

脚钩栏杆(水槽),手放体侧,用力蹬离池壁,仰卧滑行。

3.手臂前伸仰卧滑行(见图 8-2-27)

脚钩栏杆(水槽),手臂前伸,用力蹬离池壁,仰卧滑行。

4.推离池壁仰卧滑行(见图 8-2-28)

双手推离池壁并用脚蹬离池壁后仰卧滑行,手臂前伸。

5. 水下蹬离池壁并仰卧滑行（见图 8-2-29）

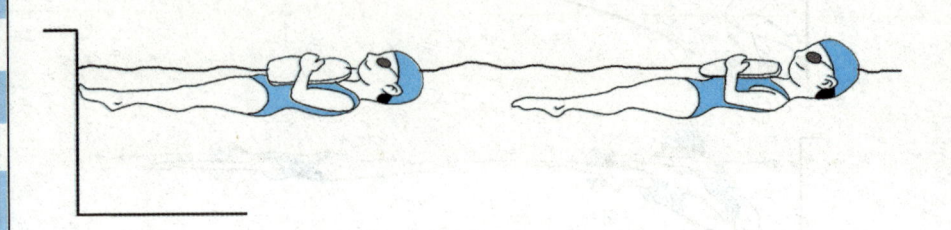

图 8-2-25

图 8-2-26

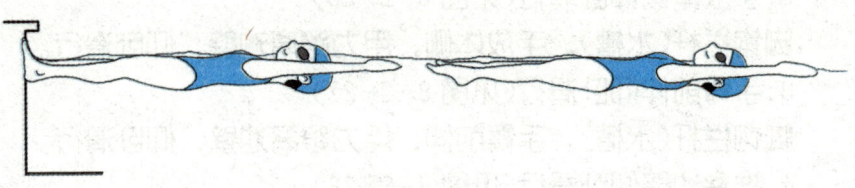

图 8-2-27

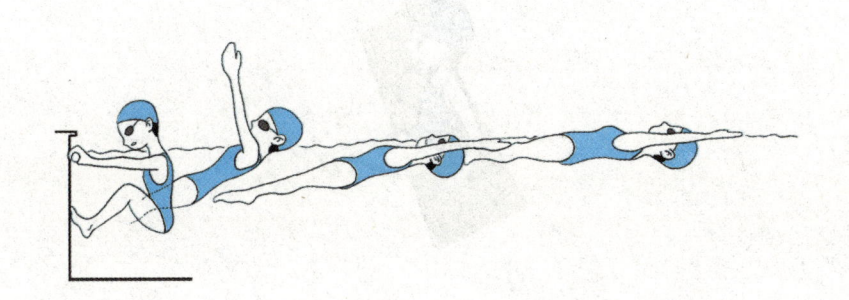

YANGYONG JIBEN JISHU

图 8-2-28

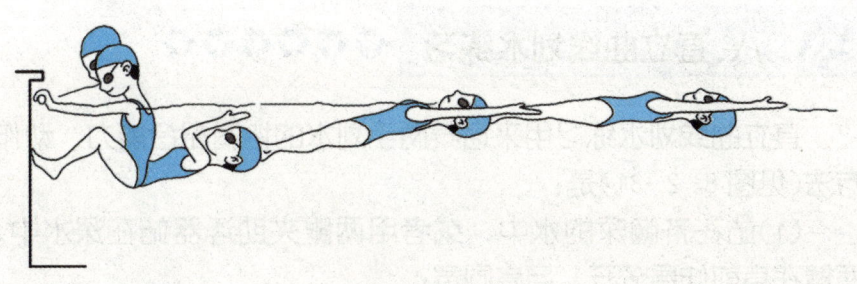

图 8-2-29

七、池边坐撑打水练习

池边坐撑打水练习常作为教学手段，用来培养正确的打水技术和节奏，特点是危险性小，易于练习和掌握，动作方法（见图 8-2-30）是：

(1) 坐在游泳池边，将整条大腿放在水中，两手后撑，身体略向后仰，两腿伸直并拢，脚背绷直，脚趾指向对岸；

(2) 两腿先慢慢交替上下打水，打水幅度约 30 厘米，然后逐渐加快速度，并逐渐放松膝关节。

图 8-2-30

八、直立曲线划水练习

直立曲线划水练习用来培养两手划水的协调配合能力,动作方法(见图 8-2-31)是:

(1)站在齐胸深的水中,或者用两腿夹助浮器站在深水中,两臂在身前伸展分开,与肩同宽;

(2)两臂同时向外拨水,再同时向内拨水;

(3)划水时从肘关节开始转动,应体会到手和前臂的压力,还要注意变换手的角度,手腕要始终用力。

图 8-2-31

九、水中陀螺练习

水中陀螺练习常在体会通过曲线划水、控制身体姿势时使用，动作方法（见图 8-2-32）是：

（1）在脚不能触地的深水中，两脚交叉，一臂在体前向侧前方划水，另一臂在体后向侧后方划水，并改变手的角度，使身体慢慢像陀螺那样旋转；

（2）向一个方向转几圈，然后再向相反方向转几圈；

（3）身体保持正直，两脚始终交叉并拢，头始终保持在水面上，如果觉得吃力，可在两腿间夹一个助浮器。

图 8-2-32

十、仰浮体侧划水练习

仰浮体侧划水练习常在体会各种泳式所需要的腕部发力拨水动作时使用。刚开始练习时，可两腿夹助浮器，两脚尖搭在游泳池的池边上；动作熟练后，可改变手的角度，尝试使身体向脚的

方向游进，动作方法（见图 8-2-33）是：

（1）仰卧漂浮，两脚并拢绷直，腹部浮起，两臂伸直，两手在体侧髋部下面划水，使身体向头部方向游进；

（2）手臂保持伸直，注意力集中在腕部的动作上，身体姿势要平，脚绷直并浮在水面上，手快速划水。

图 8-2-33

十一、俯浮狗刨式划水练习

俯浮狗刨式划水练习常用于体会通过划水产生升力的感觉，动作方法（见图 8-2-34）是：

（1）俯卧漂浮，头露出水面，肘关节保持在肩下，屈肘两手在颌下交替划水，使身体向前移动；

（2）沿曲线向后下划水至胸下，然后屈肘，将手先上移，再前移至颌下；

（3）肘关节应始终稳定地保持在肩下，眼睛始终露出水面，刚开始练习时可在两腿之间夹一个助浮器。

图 8-2-34

十二、"独木舟"式配合模仿练习

"独木舟"式配合模仿练习有助于体会身体和肩的转动、两臂协调连贯的配合,以及身体平衡的感觉,动作方法(见图8-2-35)是:

(1)两脚开立,上体前倾;

(2)两手轻握一根竹竿(像独木舟的桨),两臂连续做背身倒划水模仿练习。

图 8-2-35

第三节 动作练习

仰泳时，身体部位的动作可以通过相应的专项动作练习来掌握，包括腿部动作练习和手臂动作练习等。

一、腿部动作练习

腿部动作的规范与否直接影响着游泳速度的快慢，腿部动作练习包括动作方法和练习方法等。

(一)动作方法

（1）两腿自然伸直，脚略内旋，以髋关节为支点，大腿发力带动小腿，上下交替做鞭状打水；

（2）两脚打水上踢时屈腿，以脚背向后上方用力，下打时直腿下压；

（3）动作口诀为：大腿发力带小腿，两腿交替鞭状打，上踢用力下压直，膝盖和脚不出水。

(二)练习方法

腿部动作的练习方法有三种。

1.方法一（见图 8-3-1）

坐在池边或出发台上，做仰泳打腿的模仿练习。

2.方法二(见图8-3-2)

在浅水中站立,深吸气后,头和上体慢慢后仰,在同伴的帮助下做仰卧漂浮。

3.方法三(见图8-3-3)

蹬边或蹬池底仰卧滑行后做打腿练习,两臂向前并拢伸直。

图 8-3-1

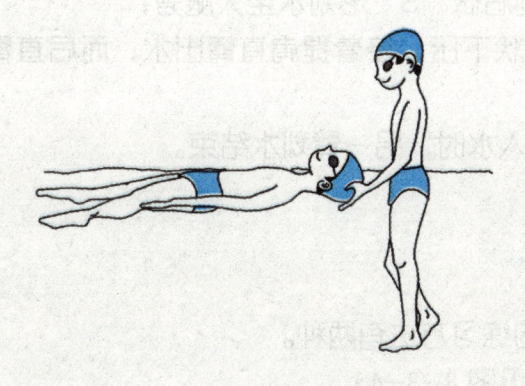

图 8-3-2

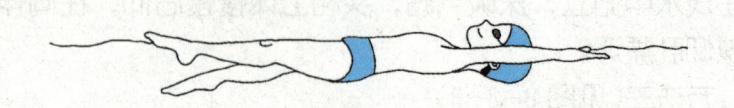

图 8-3-3

二、手臂动作练习

手臂在水中的动作直接影响着划水的速度与方向，手臂动作练习包括动作方法和练习方法等。

(一)动作方法

（1）两臂交替在肩前直臂入水，向前、向下、向外屈腕抓水，并屈臂在体侧向后做"S"形划水至大腿旁；

（2）转腕鞭状下压，接着提肩直臂出水，而后直臂前移再入水；

（3）当一臂入水时，另一臂划水结束。

(二)练习方法

手臂动作的练习方法有两种。

1. 方法一（见图 8-3-4）

（1）陆上站立或仰卧凳上，仰泳手臂动作模仿练习，先做单

臂，后做两臂配合练习；

（2）先直臂划水，然后逐步过渡到屈臂划水。

2.方法二（见图 8-3-5）

在浅水中由同伴抱住两腿，或大腿夹浮板，仰卧做手臂动作练习。

图 8-3-4

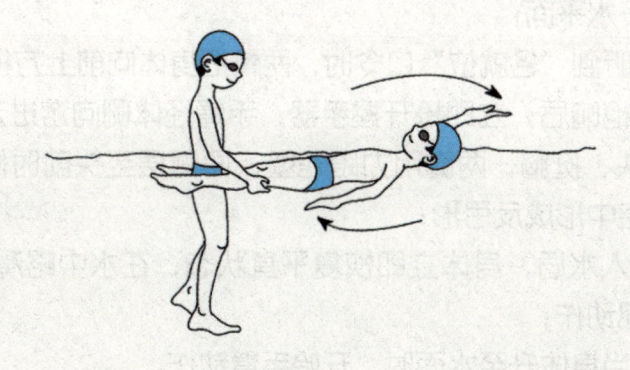

图 8-3-5

第四节 出发与转身

出发和转身是游泳比赛中一个比较重要的技术环节，掌握好出发和转身技术不但可以提高速度，增强比赛中的竞争力，还可以给自身的泳姿融入美感。

一、出发

仰泳的出发是在水中进行的。

（一）动作方法（见图 8-4-1）

（1）面对池壁，两手握住握手器，团身，两脚蹬在池壁上，脚趾低于水平面；

（2）听到"各就位"口令时，两臂把身体向前上方拉起；

（3）枪响后，立即松开握手器，手臂经体侧向游进方向摆动，同时仰头、挺胸，两脚用力蹬池壁，两臂摆至头前时伸直并拢，身体在空中形成反弓形；

（4）入水后，身体立即恢复平直状态，在水中略滑行后即开始做腿部动作；

（5）当身体升至水面时，开始手臂动作。

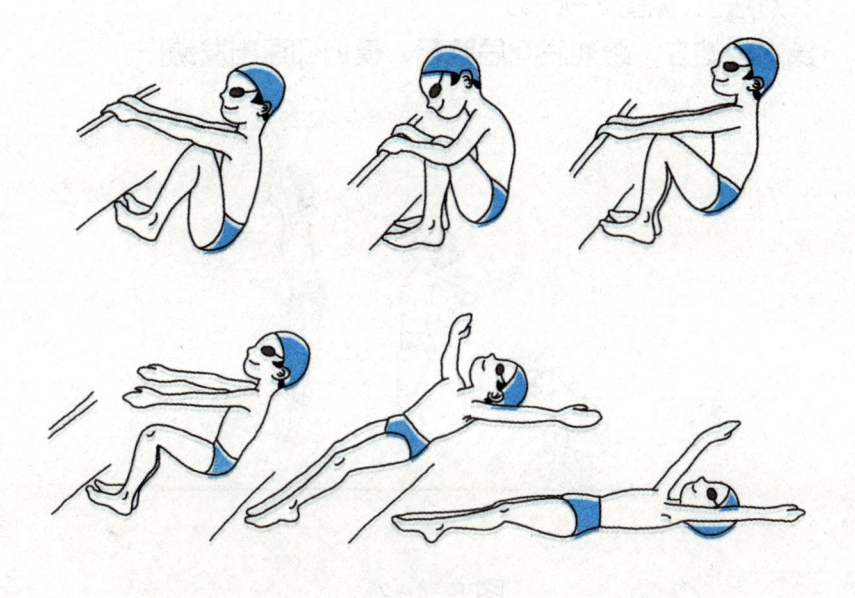

YANGYONG JIBEN JISHU

图 8-4-1

(二)练习方法

出发动作的练习方法有两种。
1. 方法一(见图 8-4-2)
陆上原地下蹲,抬头、挺胸,两臂向侧上摆,同时腿蹬直起立。

2.方法二(见图 8-4-3)

浅水中站立，蹬池底向后跳起，模仿仰泳出发动作。

图 8-4-2

图 8-4-3

二、转身

转身是指当游泳者游近池壁时，利用身体的翻滚蹬壁，游向另一侧的技术动作。

(一)动作方法(见图8-4-4)

(1)当游近池壁时,身体先绕纵轴翻转为俯卧姿势,随即做一次划水动作,使两手位于体侧;

(2)做一次两脚同时向下的海豚式打水动作,借助划水和打腿产生的惯性,低头、团身向前沿横轴滚翻,两脚甩向池壁;

(3)当两脚触及池壁时,两手臂已在头前并拢,然后两脚用力蹬离池壁;

(4)略滑行后开始打腿动作,当身体升到水面时,开始划臂动作。

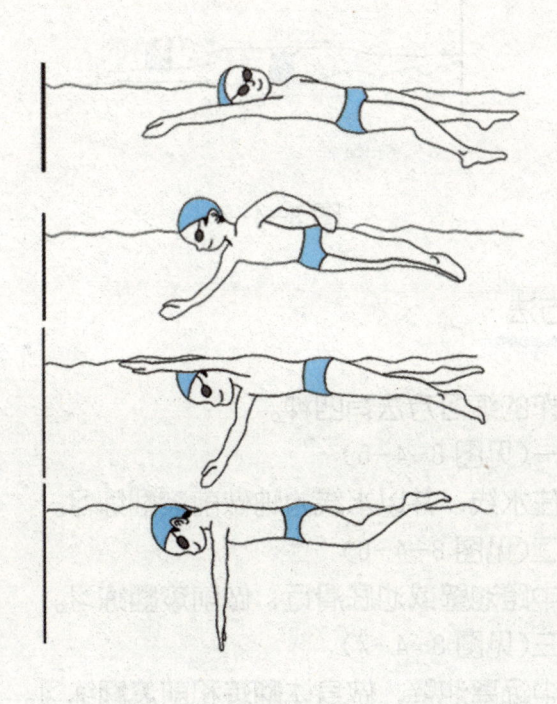

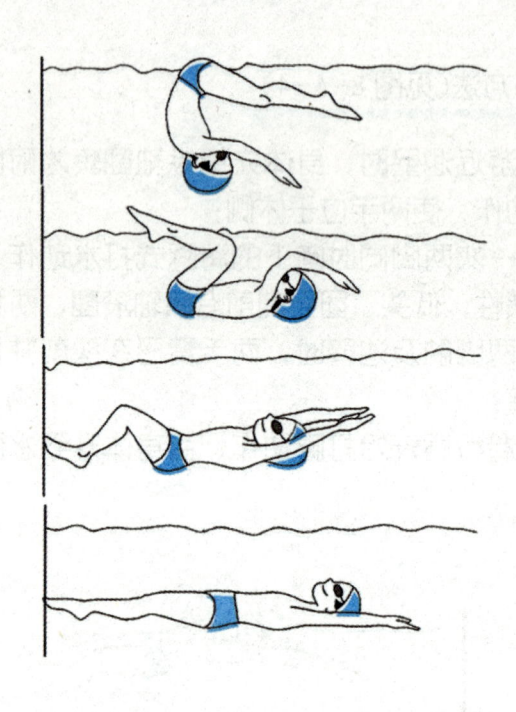

图 8-4-4

(二)练习方法

转身动作的练习方法有四种。
1. 方法一(见图 8-4-5)
两手抓住水线,并以水线为轴做前滚翻练习。
2. 方法二(见图 8-4-6)
在浅水中蹬池壁或池底滑行,做前滚翻练习。
3. 方法三(见图 8-4-7)
在游进中远离池壁,做身体翻转和前滚翻练习。

4. 方法四（见图 8-4-8）

游近池壁做完整的仰泳前滚翻转身练习。

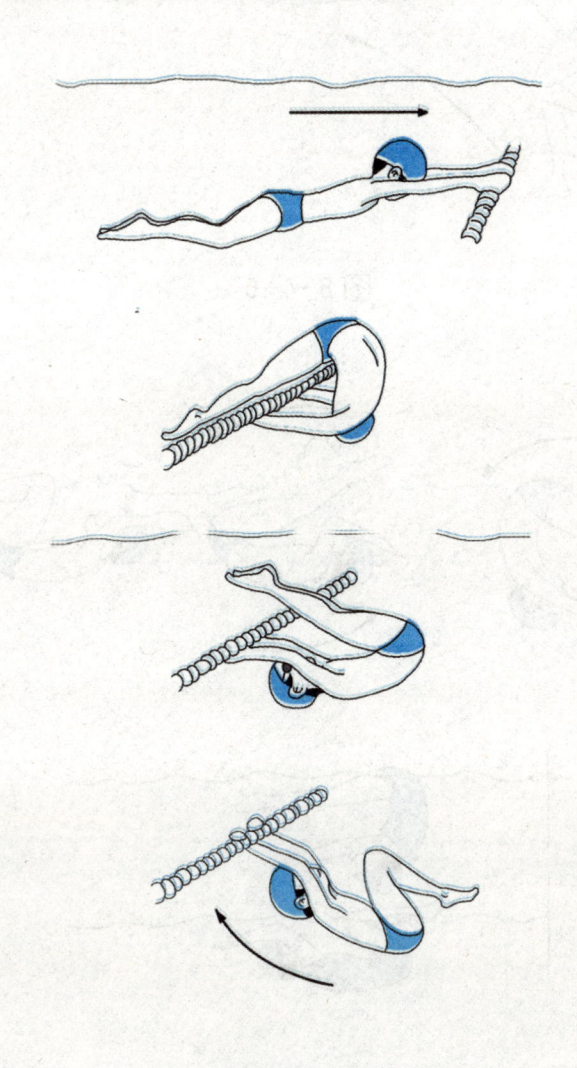

图 8-4-5

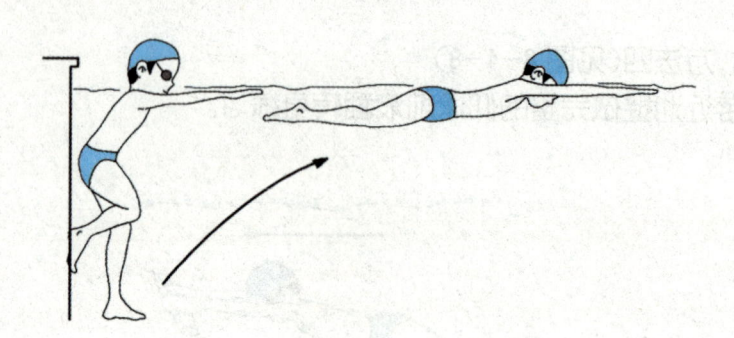

图 8-4-6

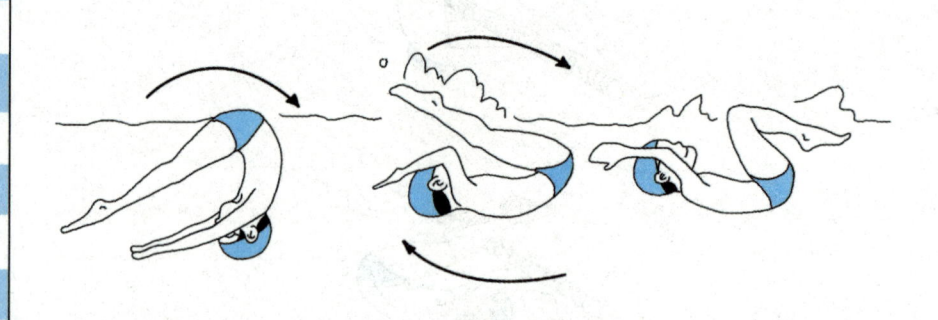

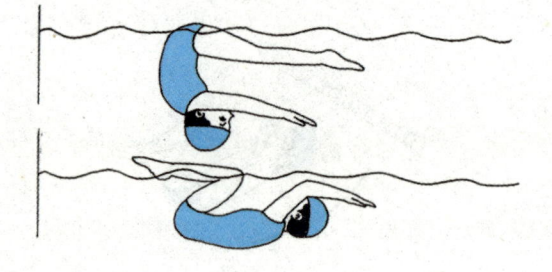

图 8-4-7

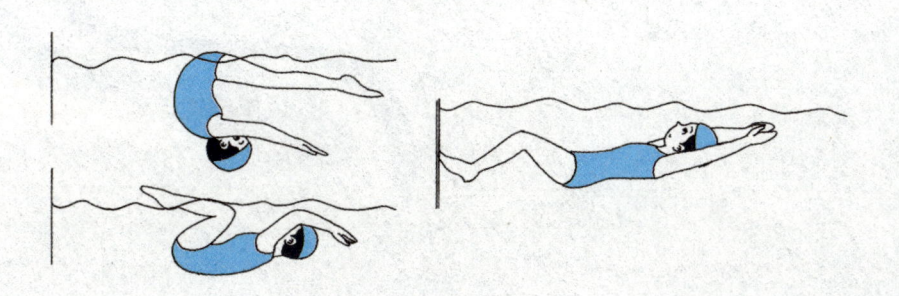

YANGYONG JIBEN JISHU　仰泳基本技术

图 8-4-8

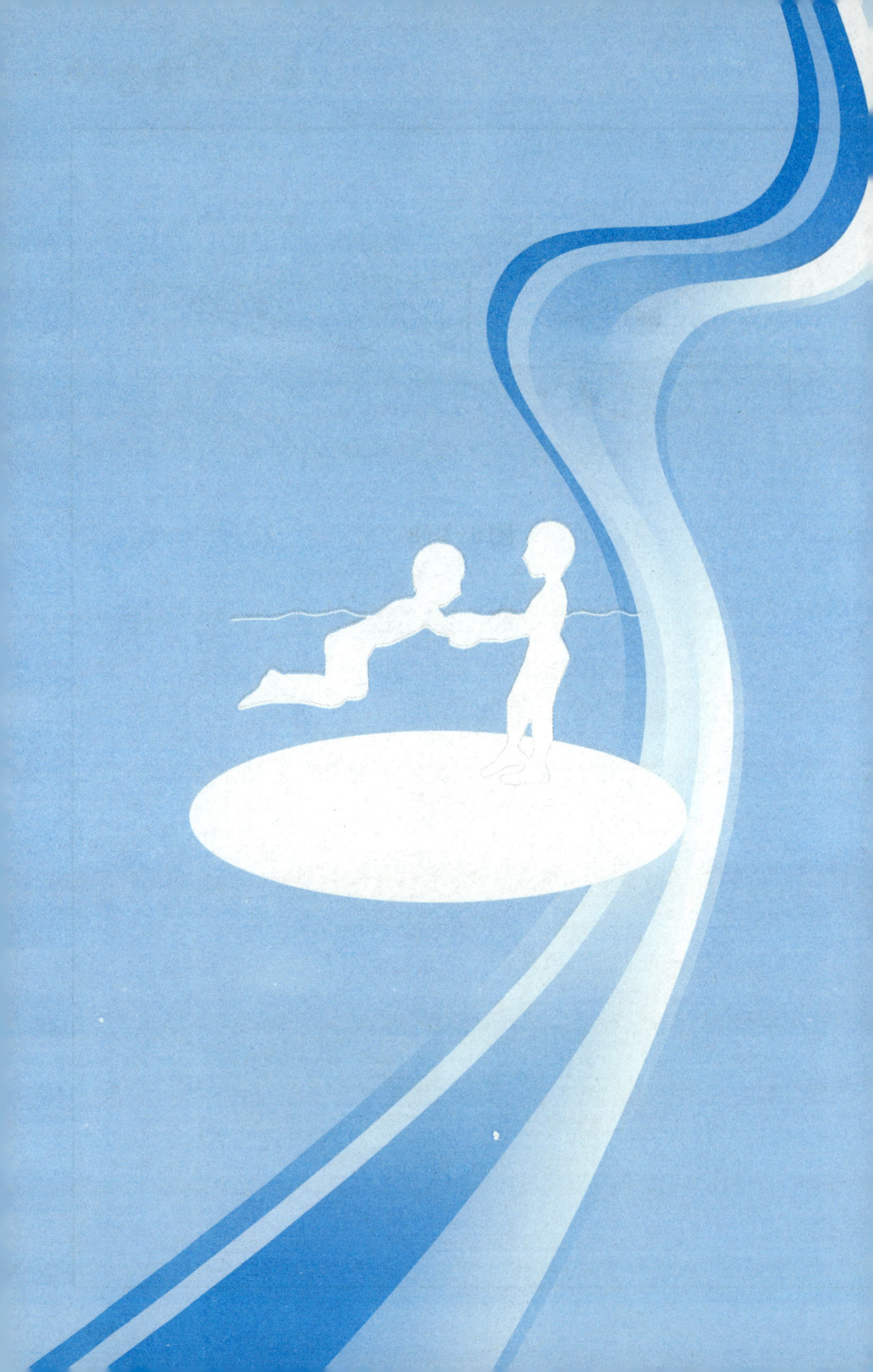

第九章 仰泳比赛规则

没有规矩不成方圆。运动的乐趣不仅来源于运动技巧,更在于在规则的指导下,合理规范的进行体育锻炼。本章介绍仰泳比赛的参赛办法、裁判的相关判罚以及常见的犯规情况。

第一节 程序

比赛程序是指参赛队员在参加比赛之前和比赛过程中，以及比赛结束时所要注意和遵守的相关规则和违规处理情况。

一、参赛办法

参赛单位必须按竞赛规程和规定确定各项参赛人数，以及每人参加的项目，并在规定的时间内报名，报名后不得更替或更改项目。

二、比赛方法

(一) 出发

具体要求如下：
(1) 仰泳比赛，运动员从水中出发；
(2) 当听到总裁判长发出长哨信号后，运动员下水，总裁判长发出第二声长哨时，运动员应迅速游回池端做好准备；
(3) 运动员面对出发端，两手抓住握手器，两脚（包括脚趾）

应处于水面以下，禁止蹬在水槽内或水槽上或用脚趾钩住水槽边；

(4)发令员发出"各就位"的口令后，运动员在水中做好出发准备，当所有运动员都处于静止状态时，发令员发出出发信号（鸣枪、电笛、鸣哨或口令）；

(5)运动员在听到出发信号后才能做出发动作。

(二)游进

(1)在整个游程中，运动员的身体必须呈仰卧姿势，除在做转身动作外，运动员必须始终仰卧（仰卧姿势允许身体做转动动作，但必须保持与水平面成小于90°角的仰卧姿势，头部位置不受此限）；

(2)除在出发和每次转身后外，运动员可潜泳15米（在15米前运动员的头部必须露出水面）；

(3)在整个游进过程中，运动员身体的某部分必须露出水面。

(三)转身

(1)仰泳转身时，可用身体任何部位触池壁；

(2)在转身过程中，当运动员肩的转动超过垂直面后，可进

行一次连续单臂划水或双臂同时划水动作，并在该动作结束前开始滚翻；

（3）运动员一旦改变仰卧姿势，就必须做连贯的转身动作（不允许停顿转身做滑行、打腿或划臂动作）。

（四）起始

（1）运动员必须以仰卧姿势蹬离池壁；

（2）运动员在到达终点时，必须以仰卧姿势碰触池壁。

第二节 裁判

学习和了解裁判方法，对于我们掌握裁判员的判罚尺度，提高比赛成绩，合理有效地运用规则会有很大的帮助。

一、裁判员

游泳比赛所需裁判员很多，一般为20~50人，分为以下岗位：总裁判长、副总裁判长、执行总裁判、技术检查员、计时长、转身检查长、终点长、编排记录长、检录长、发令员和宣告员等。位置分配（见图9-2-1）。

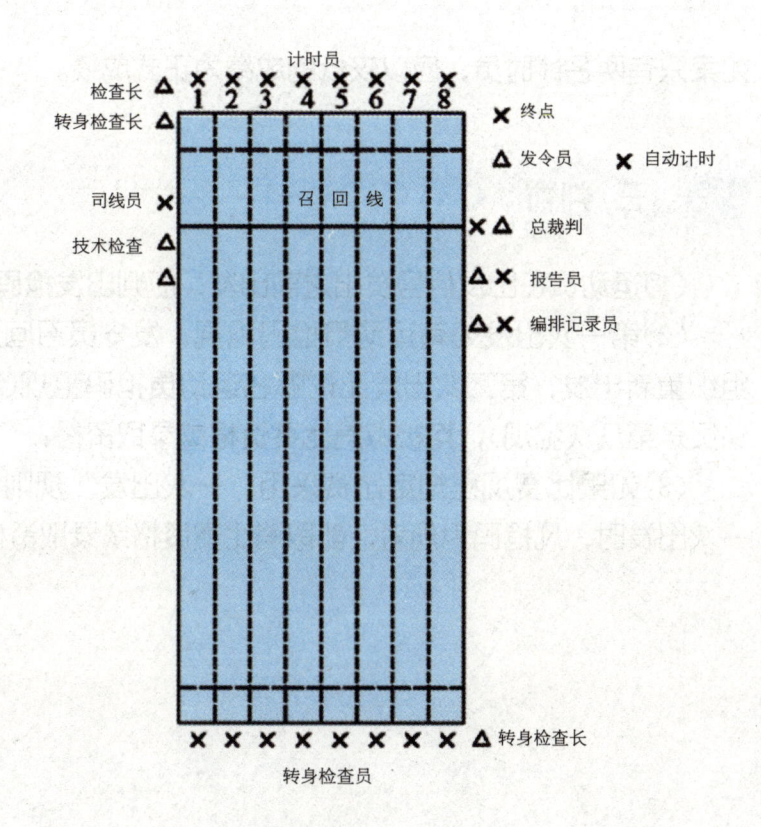

```
                    计时员
          ✕ ✕ ✕ ✕ ✕ ✕ ✕ ✕
   检查长 △ 1 2 3 4 5 6 7 8
  转身检查长 △                    ✕ 终点
                                △ 发令员    ✕ 自动计时
   司线员 ✕       召  回  线
                                ✕△ 总裁判
   技术检查
                 △              △✕ 报告员
                                △✕ 编排记录员
```

图 9-2-1

二、计时

（1）计时方法有人工计时、自动装置计时与半自动计时；

（2）人工计时要求每条泳道应有 2～3 名计时员；

（3）正式成绩的决定方法为：3 块计时表中，如果两块相同，则该成绩计为正式成绩；3 块都不相同的，中间的计为正式成绩；

151

如果只有两名计时员，应以较低的成绩为正式成绩。

三、判罚

（1）运动员在出发信号发出之前出发，应判出发抢码犯规；

（2）第一次出发如有运动员抢码犯规，发令员召回运动员并组织重新出发，第二次出发无论哪名运动员抢码犯规（不论该运动员是第几次犯规），均被取消比赛资格或录取资格；

（3）如果比赛规程规定比赛采用"一次出发"规则，则在第一次出发时，凡抢码犯规者，都取消比赛资格或录取资格。